U0085392

世紀人物100

忍小辱成大英雄

韓信

詹文維 著

三民書局

獻給孩子們的禮物

世界上最幸福的孩子，是他們一出生就有機會接近故事書，想想看，那些書中的人物，不論古今中外都來到了眼前，與他們相識，不僅分享了各個人物生活中的點滴，孩子們的想像力也隨著書中的故事情節飛翔。

不論世界如何演變，科技如何發達，孩子一世幸福的起源，仍然來自於父母的影響，如果每一個孩子都能從小在父母親的懷抱中，傾聽故事，共享閱讀之樂，長大後養成了閱讀習慣，這將是一生中享用不盡的財富。

三民書局的劉振強董事長，想必也是一位深信讀書是人生最大財富的人，在讀書人口往下滑落的多元化時代，他仍然堅信讀書的重要，近年來，更不計成本，連續出版了特別為孩子們策劃的兒童文學叢書，從「文學家」、「藝術家」、「音樂家」、「影響世界的人」系列到「童話小天地」、「第一次」系列，至今已出版了近百本，這僅是由筆者主編出版的部分叢書而已，若包括其他兒童詩集及套書，三民書局已出版不下千百種的兒童讀物。

劉董事長也時常感念著，在他困苦貧窮的青少年時期，是書使他堅強向上，在社會普遍困苦，而生活簡陋的年代，也是書成了他最好的良伴，他希望在他的有生之年，

分享這份資產，讓下一代可以充分使用，讓親子共讀的親情，源遠流長。

「世紀人物100」系列早就在他的關切中構思著，希望能出版孩子們喜歡而且一生難忘的好書。近年來筆者放下一切寫作，接下這份主編重任，並結合海內外有心兒童文學的作者共同為下一代效力，正是感動於劉董事長致力文化大業的真誠之心，更欣喜許多志同道合的朋友，能與我一起為孩子們寫書。

「世紀人物100」系列規劃出版一百位人物故事，中外各占五十人，包括了在歷史上有關文學、藝術、人文、政治與科學等各行各業有貢獻的人物故事，邀請國內外兒童文學領域專業的學者、作家同心協力編寫，費時多年，分梯次出版。在越來越多元化的世界中，每個人都有各自的才華與潛力，每個朝代也都有其可歌可泣的故事，但是在故事背後所具有的一個共同點，就是每個傳主在困苦中不屈不撓，令人難忘的經歷，這些經歷經由各作者用心博覽有關資料，再三推敲求證，再以文學之筆，寫出了有趣而感人的故事。

西諺有云：「世界因有各式各樣不同的人群，才更加多采多姿。」這套書就是以「人」的故事為主旨，不刻意美化傳主，以每一位傳主的生活經歷為主軸，深入描寫他們成長的環境、家庭教育與童年生活，深入探索是什麼因素造成了他們與眾不同？是什麼力量驅動了他們鍥而不捨的毅力？以日常生活中的小故事，來描繪出這些人物，為什麼能使夢想成真。為了引起小讀者的興趣，特別著重在各

傳主的童年生活描述，希望能引起共鳴。尤其在閱讀這些作品時，能於心領神會中得到靈感。

　　和一般從外文翻譯出來的偉人傳記所不同的是，此套書的特色是，由熟悉兒童文學又關心教育的作者用心收集資料，用有趣的故事，融入知識，並以文學之筆，深入淺出寫出適合小朋友與大朋友閱讀的人物傳記。 在探討每位人物的內在心理因素之餘，也希望讀者從閱讀中 ， 能激勵出個人內在的潛力和夢想 。 我相信每個孩子在年少時都會發呆做夢，在他們發呆和做夢的同時，書是他們最私密的好友，在閱讀中，沒有批判和譏諷，卻可隨書中的主人翁，海闊天空一起遨遊，或狂想或計畫，而成為心靈知交，不僅留下年少時，從閱讀中得到的神交良伴（一個回憶），如果能兩代共讀，讀後一起討論，綿綿相傳，留下共同回憶，何嘗不是一幅幸福的親子圖？

　　2006 年，我們升格成為祖字輩，有一位朋友提了滿滿兩袋的童書相送，一袋給新科父母，一袋給我們。老友是美國國家科學院院士，曾擔任過全美閱讀評估諮議委員，也是一位慈愛的好爺爺，深信閱讀對人生的重要。他很感性的說：「不要以為娃娃聽不懂故事，我的孫兒們一出生就聽我們唸故事書，長大後不僅愛讀書而且想像力豐富，尤其是文字表達能力特別強。」我完全同意，並欣然接受那兩袋最珍貴的禮物。

因為我們同樣都是愛讀書、也深得讀書之樂的人。

　　謹以此套「世紀人物 100」叢書送給所有愛讀書的孩子和家庭，以及我們的孫兒──石開文，他們都是世界上最幸福的孩子，因為從小有書為伴，與愛同行。

關於韓信的故事，有兩位老爺爺都說得很精采。一位是寫史記的「司馬遷」司馬老爺爺；另外一位是擅長寫歷史故事的南宮搏老爺爺。我這本書，基本上是按照兩位老爺爺描述的韓信下筆的。所以，我只能說自己是編者，算不上是一個作者。

唉，說到這裡，就是寫這本書，最痛苦的地方。因為身為一個作者，我本來希望不要受南宮老爺爺太多的影響，但是他有些字就是用得很精準，畫面就是很傳神，解釋就是很有邏輯。我自己寫不出來，想了想，用南宮老爺爺的說法，會讓這本書更好看。所以我只好用南宮老爺爺的說法來完成這本書。前半本，我覺得自己還寫出了自己能感覺到的韓信，但是隨著韓信越見滄桑與悲涼的人生，南宮老爺爺創造出來的韓信，就強過我自己的韓信。

所以我再度強調，我只是個編者，說不上是作者。不過在編寫的過程中，我自己仍然要反覆的投入韓信的人生中。最快樂的事情就是能發現不同於別人的解釋，感覺自己更接近韓信了，感覺自己能創造出自己的韓信。雖然後來這種信心已經崩潰了啦！但是在一再一再的想像自己是韓信的過程中，彷彿也經歷了一段不可思議

的人生。

　　真的希望，我也能讓你們經歷那樣大起大落的暢快與悲涼。我覺得這是閱讀中最幸福的地方。書一展開，就是另外一個世界。幸運的，我們不需要真的死過一遍，只要嘆口氣，把書蓋上，就能從死裡活了過來。

　　轉個身，我們的世界，仍然陽光普照，充滿歡笑。只是，對於人生，我們又感受了那麼一點點的什麼。

寫書的人

詹文維

　　名字聽起來像男生，但其實，她是個女生。如果看過「阿維老師說成語」，大概可以猜出她的個性。她就是一個喜歡在上課搞笑，胡說八道的可愛老師囉！不過說到「可愛」這兩個字，她就有點惆悵了。教書教了這麼幾年，一直聽到有學生說她裝可愛。她只要跟學生說，沒有啊，她本來就很可愛，學生都會吐。她只好跟學生說，奇怪了，大家都這麼熟了，怎麼還看不出她的可愛呢。她到現在還想不透，為什麼他們還無法感受到她「真誠的可愛」呢。不知道她的可愛，大家有沒有感覺到呢？呵呵呵。

忍小辱成大英雄 韓信

世紀人物 100

韓 信

? ～前196

1 少年韓信志氣揚

秦末東海郡淮陰縣，一名叫韓信的貧苦少年，母親在不久前過世。這件事情，本來是沒什麼人關心的，但是就在韓信擇好墓地，埋葬母親之後，情況不同了。一下子鄉里間沸沸揚揚，七嘴八舌都在議論韓信葬母的事情。

「聽說韓信把母親葬在一塊非常大的高地上。」

「對，那塊高地很大很大很大呢。」說的人忍不住誇張的伸長了手臂，想告訴其他人那塊地到底有多大。

「在墳墓旁邊留這麼大的空地，這是什麼意思？難不成是要……」說的人遲疑了。

「沒錯。」有人接著他的話說，「那些空地是要留給活人，

為他娘守墳的。」

在秦代的風俗裡，這叫「守塚」。一般只有顯赫之家，會在墳地周圍安置數量不等的老百姓「守塚」，讓這些老百姓看守墳墓，以便經常祭祀。

韓信這個舉動，等於是在昭示天下，往後這些空地將安置人們居住，為他母親守墳。

「瘋了！」說的人揚了眉頭。「你們可知道，那塊地可以住上萬戶人家哪！去哪兒找那麼多腦筋壞掉的人，替他娘守墳……」

他話沒說完，就有人急急發表意見：「這小子我清楚得很。窮人家一個，倒有公子哥兒的習氣，什麼也不會，平常就靠他娘養他。他娘一死，連煮飯給他吃的人都沒。搞不好哪天他死了，還沒人葬他，指望誰給他娘守墳啊。」話說完後，人們一陣訕笑。

這人說的話，實在有些刻

薄。但是怪只怪，韓信太招搖了，若是安安靜靜的，謹守本分的選了塊小小的地葬了母親，不也就沒事了嗎。

笑聲未歇，才十五、六歲的韓信走了過來，人們稍微壓低了笑聲，不過上揚的嘴角還留抹輕蔑的意思。

韓信眉清目秀，眼睛不算特別大，但是烏澄澄的，倔強的閃著睥睨的傲氣。他知道自己長得高，特地直了腰桿，大步的從人們前面走了過去。

年少的他，因為高大，細長的手腳擺甩起來，顯得笨拙。看在旁人的眼裡，只覺得格外的裝模作樣，人們哧的笑出聲來。

韓信的臉隱隱熱了起來，卻不肯加快腳步遁逃。經過人們面前的時候，他的目光刻意的對上人們，這舉動讓人們有些錯愕。

他自在的收了視線，繼續走

著，半晌過後，笑聲在他身後爆開。

他知道人們在笑他什麼，但是他不在乎。這些笑過他的人，他會記著，有一天要讓他們為他娘守塚。

他有本事，他有志氣，這些終日庸碌的人是不會明白的。

他韓信，並不姓韓，本是韓國公族中的公子之一。秦滅六國，韓國亡，他與母親出逃，輾轉流亡至此。

剛強的母親，在窮困之中，仍然竭盡心力栽培他，培養他一個王孫貴族該有的本事以及識見。秦統一天下後，施行苛法嚴刑，橫徵暴斂，目前天下雖然平靜，但民怨正在蓄積著。韓信清楚這一點，所以他苦練武藝、深究兵法謀策。他等待時機，只要風雲一起，就要叱吒天下、封侯拜將、位列公卿。

他一定會的，也一定要的。他在母親墳前已經立下這樣的誓言。

※　　　　　　※　　　　　　※

韓信雖有雄才，但不諳營生，兵法武藝並不能幫助他在現實中生活。他又無特殊才德，可以推薦任官。母親死後，只好淪落到熟識的人家中寄食。

他一度和下鄉南昌地方的亭長混得較熟，便寄住在亭長家中吃飯。這一去，就是好幾個月。亭長的妻子不高興了，有一天起了個大早，和亭長在床上把飯吃完。等到韓信起床，要去吃飯的時候，對著他的，除了亭長妻子難看的臉色之外，就是空空的食具。韓信當然也知曉了對方的意思，怒而離去。

離去後，韓信日子更加潦倒，常常有一頓沒一頓的。真沒辦法了，他就到城外的淮水釣

魚。

只是人時運不濟的時候，好像連魚也要欺負他。釣竿有時像是有了動靜，一拉上來，卻是空歡喜一場。他飢腸轆轆，口乾舌燥，握著釣竿的手，已經微微顫抖。

一直以來，他自負志氣與他人不同，不甘心和常人一樣習個技藝後，便安於溫飽，以待老死。但山窮水盡的日子，終於讓他清楚一文錢是如何將人逼死。

有時候，一恍神，他便懷疑自己是不是還有能力實踐在母親墳前的誓言。

現實這樣困厄，人窮，用什麼來養志氣？

他無奈的再度垂釣，目光不經意的往河中看去。

淮水邊有一些婦人專靠為人漂洗棉絮舊衣維生。其中有一個老婦人抬起頭，目光與他交會。

這已經不是這名老婦人第一次看著他了。這幾天以來，她總不時的看著他。

老婦人的目光雖然是帶著善意的，但是還是讓衣衫襤褸的韓信渾身不自在。長久困頓遭排擠的日子，使他無法像以往一樣，在人前坦然昂首。

韓信刻意閃避了她的目光，目光移回河面。

中午日頭毒辣，水面亮晃晃的扎眼，他眨了眨眼，只覺得頭昏眼花更難忍受。

在河中洗衣閒聊的婦人陸續收了衣服，往岸上走去，老婦人也跟著她們一道走。

老婦人經過岸邊的時候，韓信刻意壓低頭，收拾了釣竿，故作自在的朝河中洗了洗手，撈起河水一口一口的啜飲。

往常老婦人洗完衣服之後，便和其他人說笑聊天的離去，今

天老婦人卻拿起了食盒，走到韓信身邊。就在這時候，韓信的肚子不爭氣的響起。韓信臉一熱，想要離開。老婦人卻在他身邊坐了下來。

這時候離開，好像有些奇怪。韓信遲疑了一晌。

「公子。」老婦人叫了韓信一聲。

聽到這樣的叫喚，莫名的，韓信的臉更熱了。他看向老婦人，老婦人自在的對他笑了笑。

老婦人把打開了的食盒端到韓信面前說：「如果不嫌棄，就一同吃個飯吧。」

老婦人和藹慈祥的模樣，像是母親一樣，這讓韓信的眼眶突然潮溼，他內心激動，嘴唇囁嚅卻說不出半句話。

老婦人擔心他不好意思吃，自己先動手抓飯。

韓信吞了一口口水，衝動的

想要抓起飯來吃，但是在看到老婦人乾癟的雙手時卻遲疑了。

老婦人工作得這樣辛苦，才有這一點東西，他怎麼能吃。可是他真的很餓了，又狼狽的吞嚥口水。

「不要客氣，吃啊。」老婦人催促著他。

韓信肚子餓得受不了，終於在老婦人善意的催促下，動手抓起飯，米飯入口，他一直嚼一直嚼，捨不得吞下去。

他不知道怎麼說謝謝，泛紅的眼眶感激的望著老婦人，老婦人對他微微一笑。

從那日以後，老婦人就開始接濟韓信。這一接濟，就是幾十天。

韓信從一開始的憔悴瘦弱，逐漸恢復了英姿神采。

他也不再退卻囁嚅，那天吃完飯後，他神情愉悅的向老婦人

說道：「婆婆，您這樣照顧我，我真的很感激。等哪天我成功了，一定會好好的報答您的。」

他以為老婦人聽了這話會開心，豈知一向對他和顏悅色的老婦人不高興的拉下臉來。「你以為我這麼做是為了貪圖你的報恩嗎？我是可憐你一個大男人連自己都養不活，才給你飯吃的。」

韓信一聽這話，怔愣了一下。老婦人固然是施恩不望報的好人，但話裡頭，透露著，她不認為他能成功的念頭。

原來人們始終不以為他能成功，不管對他好的人，或者是對他不好的人。

初想時他有些感傷，再想了一想，他也釋懷了。

不要說老婦人不以為他能成功。沮喪、落魄和飢餓也差一點將他最後一絲志氣消磨殆盡。

是老婦人的雪中送炭，讓他

恢復了力氣和志氣。他相信天總不會絕他的生路的，他要更加振作，成功回來，報答老婦人。

「婆婆，我不會再做一個連自己都養不活的男人。」韓信烏澄澄的眼睛奕奕有神，他端正容色，對著老婦人揖拜。

老婦人沒料到他會有這個舉動，愣了一愣。

韓信對著老婦人一笑，「請您記得我的名字。我叫韓信。」

他叫韓信，有一天他要讓天下人都知道這個名字。

※　　　　　　※　　　　　　※

韓信所居的淮陰，位於流水縱橫、湖沼遍布的江淮平原。那日之後，他拜別老婦人，離開了淮陰城，遁入大澤之中。

那不是隱居，那是破釜沉舟的沉潛。大澤是由泥沼、水湟、森林、小丘組合而成，禽獸橫行，一片蒼茫。在那裡，沒有人

可以幫助他，他非得砥礪自己的身心不可。要不，他只有死路一條，變成一堆荒骨。

他在惡劣危險的環境中磨練武藝，一遍又一遍的苦讀兵法。幾年下來，他的皮膚變黑，身子變壯，話變少，可是眼神卻變得更炯亮。

大多數的時候，他在大澤之中謀生。但是有時候，他也會出大澤，拿些獵物，去城中換取一些生活物資；回一趟他娘的墳頭。不過最重要的是，城內的訊息多，有助於他觀察時局變化。

他言語靜默、行事特立，穿著破爛，但是出入總佩著一把劍，一入城，總不免引來側目。

這一日，街上一群喝酒玩樂的少年，見了韓信來，彼此使了眼色，拿了劍，攔住韓信的去路。

他們和韓信雖然不熟，不過

韓信葬母的事情，到現在還是眾人的笑柄，所以他們也聽聞過這件事，決心鬧一鬧韓信。

他們仗著人多，韓信往哪兒走，他們就擋住哪個方向。

韓信只得停下腳步，與他們對看。

為首的少年抬了下巴，覷看著韓信，「我看你個兒這麼大，又喜歡帶著劍，大概是裝模作樣，沒什麼膽子吧。」

這群人雖然出言挑釁，但是韓信並沒有搭理，他想這群人訕笑過後，覺得無趣，大概也就走了。

沒想到那個人，「唰」的拔出了劍，滿口酒氣的說道：「韓信，你如果不怕死的話，就拿你的劍來刺我。如果怕死的話，就從我的胯下鑽過。」

話一出來，旁邊的少年跟著起閧叫囂。

　　這樣惡意的話，讓韓信凝肅著臉，他銳利的眸光掃過了少年們。少年們被他盯得有些毛了，竟然不約而同的噤了口。

　　看著韓信黝黑精壯的樣子，為首的少年，這才突然意識到韓信可能也不是好惹的。

　　韓信收了目光，要從他身邊過去。他遲疑了一下，不知道該不該讓開。

　　「老大。」旁邊的少年推了推他。他怕臉上掛不住，硬著頭皮再度攔住韓信，惡聲惡氣的說道：「我說了，要過去，只有從我這兒過去。」他把腳跨得開開的。

　　韓信怒看著少年，雙手握起拳頭，深深的吸了好幾口氣。

　　大澤中有多少猛獸，他都不懼，這群少年根本算不上什麼。只要他的劍橫了出去，就可以輕取這群少年的性命。

　　不過一旦出了人命，必定會

生出事端。

秦律嚴苛，到時候他恐怕得以他的性命來抵這些人的命。

韓信想起了在娘墳前的誓言，想起了對漂母的許諾。這讓他壓抑住了怒火。他要在亂世之中，成就大事。就他的觀察，時機快到了，現在的衝動，就會讓他錯失時機。

這些人……韓信又看了看他們。這些人不值得他付出這樣的代價。他要成就別人所不能成就的大事，就要忍別人所不能忍的屈辱。

以前年輕氣盛，在那些瞧不起他的鄉里面前，他執意要昂首闊步。現在面對這群惡少，他彎下了腰，從惡少的胯下鑽過。

四周響起了訕笑聲，人們這一刻完全鄙視他，深深唾棄他這個膽小無用的人。

韓信不語。他自己清楚，他

不是為惡少低頭，他是為將來的霸業折腰。只有成就英雄事業，才能讓這群人，日後在他面前跪地匍伏＊。

韓信還未二十歲，他強自斂收少年的意氣，是為了胸中那股日後必定要有成就的傲氣。

他等的時代，一定會來的。

阿維老師說成語

　　看了韓信的傳記之後，你應該會覺得有些小故事很熟悉。是的，如果你有這種感覺的話，表示你的國文程度不錯喔！因為有很多成語的典故都和他有關。到底有哪些成語呢？我們一起來看看吧！

＊胯下之辱

故事： 韓信年少的時候曾經被一群惡少欺負，逼迫韓信從他們的胯下鑽過去。韓信為了不願意和少年起衝突，以至於犯了嚴苛的秦律，所以忍辱從惡少的胯下鑽過去。

解釋： 比喻人還沒發達的時候，被人鄙視、譏笑、遭受恥辱。

阿維老師這麼說： 這個故事給我們的啟示是，個子不要太高，不然鑽過胯下會很辛苦。哈，這當然不是重點，重點是年輕時遇到壞人是沒有關係的，被人家叫「俗辣」也沒關係，只要有志氣，辛苦會過去，總有一天能翻身做「大尾」的。

2 身負奇才擇明主

　　秦二世元年，韓信二十一歲的時候，終於等到了如大水潰決，不可抵擋的起義浪潮。陳勝、吳廣兩人自大澤鄉，帶著貧弱的戍卒，揭竿起義*，打敗秦軍*。自此後，大半中國風起雲

阿維老師說成語

＊揭竿而起

故事： 秦朝末年有一名叫做陳勝（又名陳涉）的雇農，被派去防守邊疆。他和另一個農民吳廣，因為身高體壯，所以被派為領隊，負責帶領其他雇農前往漁陽。當時軍法規定，如果耽誤了集合的期限，就要處以死刑。兩人因為大雨耽擱，恐怕不能如期趕到，乾脆殺了另外兩名軍官，召集全體士兵，砍下樹枝作武器，舉起竹竿當旗號，宣布起義反秦。各地受秦朝壓迫的人，紛紛響應。陳勝的起義，後來雖然失敗，但是各地起義的勢力，終於瓦解了秦朝。

解釋： 砍下樹枝當武器，舉起竹竿當旗號。這是倉卒起義的情景。引申為起兵反抗暴政。

阿維老師這麼說： 雖然這個故事和韓信沒有直接的關係。但是，自從陳勝、吳廣揭竿起義之後，劉邦和項羽才出來推翻秦朝。從這裡，我們可以看到，砍下樹枝當武器，不只需要勇氣，還要有強大的恕力。所以，做人和當官，都要留餘地給別人。否則，會招來強大的怨恨──「超恐怖」喔。

湧，六國舊貴族、地方豪傑紛紛起事。

隔年陳勝、吳廣被殺，出身自楚國將軍世家的項梁精選八千戰士，渡江出擊，收編劉邦在內的各隊隊伍，迅速擴大為十多萬人的大軍。項梁擁立原楚懷王的孫子熊心，仍稱為楚懷王，正式建立楚國。

身懷大志的韓信深知鳳凰擇木而棲的道理，投靠項梁，等待獻計立功的時機。

七月，項梁破秦軍主力，聲威大震。無奈項梁輕敵，九月即為秦國名將章邯所破，情勢迅速逆轉。

楚懷王將楚軍的指揮權交給宋義，命宋義為上將軍，但韓信卻在這時候選擇追隨項梁的姪兒項羽。

另一方面章邯率大軍攻打趙國，趙王逃入鉅鹿城。秦大軍包

圍，鉅鹿城情勢岌岌可危，只能坐等各方義軍來援。無奈援軍雖然到來，但因為畏懼秦國大軍的聲威，沒人敢動。

楚國的上將軍宋義率領軍隊，在安陽駐守了足足四十六天，仍遲遲沒有動靜。

當時已進入十一月，天寒大雨，軍隊缺衣少糧，處於困境。於是項羽當機立斷殺了宋義，迫使楚懷王命他為上將軍，揮師救趙。

項羽領軍，先遣兩萬精兵渡河，切斷秦軍運糧通道，隨後親率主力渡河。

「韓信，我們和秦軍的兵力這樣懸殊。這一仗，我們會勝嗎？」要下船的時候，一名叫阿大的士兵挨近韓信小聲的問。

困居這麼多日，終於出兵了，阿大有著摩拳擦掌的興奮，但更多的是不安。他常聽韓信分

析事情，覺得他說的很有道理，這才會來問他。

韓信一笑，輕鬆的說：「我們不就是為了勝利而來的嗎？」

阿大先是一愣，後來想想想，韓信說的也是。如果不是為了求勝，他們和其他諸侯一樣，作壁上觀也就是了，何苦冒險渡河呢？

只不過韓信輕鬆的態度，還是讓他覺得有些不可思議。

他喃喃的說：「你怎麼這麼有信心……」

韓信笑而不語。

他當然有信心，他的將軍——項羽，只大他三歲，身高八尺，威風凜凜，才氣過人，年少時已名震吳地。項家世代出名將，他相信項羽領兵帶將的才能，也相信他求勝的決心。

軍隊全數渡河後，項羽迅速整兵，人們收拾起低語，遵照吩

咐而行。

項羽傳令下去，鑿沉船隻，毀壞炊具，燒掉營舍，每人只帶三天口糧＊。

號令一出，全軍譁然，項羽的命令意味著，三天之內，若不得勝，則楚軍毫無退路，斷無生機。

雖然畏於項羽治軍嚴明，無人敢抗議，但是數萬名大軍仍因為這個命令而焦躁浮動。

阿維老師說成語

＊破釜沉舟

故事：陳勝、吳廣揭竿起義之後，天下的豪傑都出來推翻秦朝。當時，項羽為了解救被秦軍包圍的趙軍，親自率領部隊過河。過河之後，項羽就命令士兵把船全部鑿沉，飯鍋砸破，岸邊的房子通通燒光，每人只發三天糧食，表示此去只有拼命，誓不後退的堅強決心。後來，項羽和秦軍相戰，獲得大勝，從此之後項羽成為各地反抗秦軍的首領。

解釋：把船鑿沉，把鍋砸破，用以形容勇往直前、視死如歸、義無反顧的精神。

阿維老師這麼說：有時候，失敗是因為太好命了。沒有飯吃，沒有退路的時候，可能反而會更有勇氣。有了勇氣，已經往成功邁進一步了。

　　韓信和旁人不同，這個命令使他眼睛發亮，他急切的找尋項羽的身影。

　　旁人或許還有疑惑，但是他沒有，他完全懂得項羽的用意。項羽此舉，就如同他當時一無所有的遁入大澤一樣。

　　只有強者才能存活下來，當強者，是亂世中唯一的選擇。

　　這一點，他與豪勇的項羽如此一致！

　　只是當時他只有隻身一人，項羽卻是身繫大軍，他竟能有如此強悍的意志，能斷然執行。

　　雖然還未上得戰場，韓信已經因為這個命令而熱血沸騰了。

　　簡陋的臺子已經架設好，項羽步上臺子，將士之間不再有窸窣的交談，目光緊隨著神態從容的項羽。

　　項羽開口，人皆仰頭視之。

　　「你們怕嗎？」一片靜默中，

項羽開口，聲音如同戰鼓擂動，沉穩、有力、直擊人心。

項羽再問：「你們怕嗎？」

「不怕。」將士齊聲的回應在刺骨的風中颯颯作響。

「我怕。」項羽輕笑，將士大驚。

項羽嘴角一揚，「我怕我們贏得不夠多。」

這樣的狂語，讓本來還有些忐忑的將士，不自覺的露出了笑意。

在豪勇雄霸的項羽面前，將士心中的鬥志和信心，也被激勵鼓動了。

「聽好，你們是我項羽的軍隊。我們是為了勝利而組成的軍隊。」項羽目光一掃，環顧軍隊，舉起勝利的手勢，「這一仗，我們會勝，而且我們要大勝。」

「大勝！大勝！」將士歡聲雷動，彷彿勝利就在眼前。

韓信胸口激動而沸騰。

在大澤中，他見過不少的猛獸，一瞪目，讓人心驚，一怒吼，叫人膽寒。但是這些猛獸，都遠遠不能和項羽比擬。

項羽是猛獸之王，力能拔山，氣吞江河。他的霸氣，不只銳不可擋，更要叫人信服以及跟從的。

戰場上，或者沒有人能夠比得上項羽的。韓信堅定的相信著。

大軍開拔，項羽身先士卒，楚軍與秦軍交戰九次，九戰皆捷。鉅鹿一役，楚軍勢如雷霆，以一當十，殺入秦軍陣中。

這一役，驚心動魄，楚軍所到之處，鮮血噴濺，屍橫遍野。

韓信在戰場中，如同其他人一樣，勇猛殺敵。

項羽所領的軍隊，是狂人，是猛獸。殺聲如海嘯雷鳴，轟隆

隆的將人捲入。濃稠的血腥味，讓戰場淪為人間煉獄，秦國著名的悍將蘇角在混戰中被殺死。

烈焰沖天，那是秦副將涉間不願降楚，自焚所縱的火焰。

各路諸侯，雖未參加戰役，只在壁壘上觀看而已，但已經膽寒退卻。這場勝戰，殺聲使人不敢聽，慘狀使人不敢看，血腥使人不敢聞。

秦軍遭遇到有史以來的慘敗。領兵的項羽悍勇無敵，使人不敢仰視。

戰役結束，鉅鹿之危解除。各路諸侯前去謁見項羽，衷心臣服項羽，推舉他為諸侯軍的共同統帥。

項羽聲名震動天下，韓信以為他將跟著項羽，創立新的時代。

※　　　　　　※　　　　　　※

鉅鹿之戰後，項羽屯兵漳水

以南，和秦國的主力軍章邯的部隊隔水對峙。

當時章邯的軍隊總數將近三十萬人，項羽以及諸侯兵相加總，不過十萬餘人。項羽軍隊雖然氣勢如虹，但是他卻不貪功躁進。他明白鉅鹿一戰，已經消耗全部精力，需要休養生息。他也相信，秦軍士氣大挫，章邯此刻也不會貿然出兵。

韓信在戰場上立功，被委任為郎中。這是親近項羽的侍從官員，階級雖然不高，但是未來的發展是無可限量的。

韓信每日閱讀各地的戰報，上頭所寫，大多是各地義軍的情況，韓信從而得知天下大勢。他注意到劉邦正利用項羽與秦軍纏鬥的時候，趁隙發展自己的勢力。

因此，他入覲項羽，陳述己見，「大王。」自從鉅鹿之戰後，

人人都是如此稱呼意氣風發的項羽，「劉邦在南陽一帶攻城掠地，竭力招致天下豪傑，動作積極，實為隱憂。」

項羽一笑，「你是擔心，他會先我一步，進入關中是嗎？」

看來項羽也思量到這一層了，韓信笑道：「大王英明。楚懷王有約，誰先進入關中誰封為關中王。關中為秦定都之地，形勢險要，物產富饒。如果我軍在此牽拖日久，耽誤了入關中時間，怕是白白便宜了劉邦。」

項羽大笑，「你放心，普天之下，沒有諸侯可以與我爭鋒。一來，楚懷王是由我項家所立。二來，秦關險峻，秦兵強大，劉邦攻不下的。」

項羽輕鬆的揮了揮手，韓信微怔，他以為項羽至少還能再聽他說幾句話，沒想到項羽對他的耐心只有如此。

　　韓信再想了一下，此刻項羽正是如日中天，本來就不容易聽進別人的話，再加上，他底下的郎中少說也有三、四百人，他如何能相信他韓信會有什麼高見。

　　韓信揖拜告退。他並不覺得挫敗，只想著該如何為項羽再另外謀畫良策，讓項羽刮目相看。

　　不過韓信並不知道，章邯雖擁大軍，但因為秦二世不再信任他，因此，章邯和項羽已經有了聯絡。

　　雖然雙方並未談成合作，但項羽已經察覺到章邯處境的為難。他加緊攻擊，一再擊破章邯防線，戰場上的形勢再變，章邯人數雖眾，卻成了強弩之末，於是章邯以秦國統帥的身分，率領二十萬大軍向項羽投降。

　　在投降之後，章邯與項羽見面，執禮甚為恭敬，面對項羽流淚涕泣。

　　項羽假楚王之命，封章邯為雍王。

　　自此之後，項羽聲威更盛，率領數十萬大軍，逼近關中。

　　途中，諸侯軍與秦的降軍時有摩擦，降軍總覺得受到欺負。

　　現在大軍要往關中開拔，那是他們的故鄉，他們的父母妻子皆在關中。他們雖然已經投降項羽，但其實命運與俘虜無異。而關中秦軍為了報復他們的背叛，卻可能誅殺他們的家人。

　　尷尬的處境，使得章邯所率的部眾，軍心動搖。

　　項羽的手下獻策，認為二十萬秦軍若入關中，不服號令，必定危及項羽霸業。因此建議不如擊殺二十萬降兵，獨留章邯、司馬欣以及董翳三人入秦。

　　身為參謀人員的韓信得知此事之後，急著求見項羽。

　　項羽接見了他，韓信的態度

與上次大不相同，他神色凝肅的說道：「大王，擊殺降兵之事，萬萬不可。此事一旦傳出，只怕日後再也無人肯降。」

項羽並不為韓信的直言而動怒，他和緩的說：「這一點我不是沒想過，但是二十萬秦兵，目前成了我最大的包袱，不殺他們，我的大軍就無法動。」

「大王，殺了他們，問題只會更多，以後還有誰敢投降我軍。我軍在大王的帶領下，雖然能征善戰，但大王必不忍看我軍多添傷亡，懇請大王再三思。」韓信言詞激昂愷切。

項羽遲疑了一晌。

韓信見狀，只覺得胸口熱了起來，他朗朗的說：「我願請命，請大王允許臣佐領降卒。臣必能使其對大王不變。」

項羽輕笑了出來。他底下多少謀臣將士，無人敢出此言，韓

信竟如此狂妄。因為這個緣故，他多看了韓信一眼。

韓信看來還小他個幾歲吧。

「韓信，有這樣的志氣和顧慮很好。」項羽笑道：「但是事情並不全如你所想。坑殺降卒，也可能使秦兵喪膽，聞風而逃。當年秦國大將白起，就在長平坑殺了四十萬的降卒，並無不良後果。」

韓信急道：「白起坑殺降卒，在歷史上留下穢名。」

項羽臉色一變，韓信心中一凜。他的職位低微，這樣說話，是冒犯了。

但是他急啊！項羽是令他折服的將才，他不願見項羽留下污名。戰場上的殺戮是生死搏鬥，勝者為王，但擊殺降卒，卻絕不是英雄所為。

韓信巴巴的看著項羽，只盼望項羽能了解他的用心。

項羽看了看他，欲熄怒火，

溫和的說：「韓信，你還年輕，再磨磨吧。」

他又揮了揮手，這次韓信意氣消沉的離開了。

對於項羽不追究他的冒犯，他心存感謝。但是對於項羽坑殺降卒，他仍是萬萬不能苟同。

當天晚上，秦國的降將章邯等人選出一支親近的部隊，展開大屠殺。二十萬人，分作八處被包圍，慘遭屠戮。

韓信接受臨時的派遣，帶領三百名兵士，駐守一個屠場的隘口，以防變動。他所處的地方，可以望見屠場，那是一處狹隘的山谷，中間掘了土坑，數以萬計的秦國降兵，被趕入活埋。

被活埋的人掙扎叫嚎的聲音，在夜間聽來讓人毛骨悚然。

鉅鹿一戰殺聲震天，韓信勇往殺敵，目無懼色。而今，神哭鬼泣，他只是靜靜站著，就已經

眼眶泛紅，幾度不能自已。死的是二十萬無辜的降卒，以及他心中的英雄。他相信，項羽日後仍會是戰場上不敗的大王，但是不再是他心目中永遠的英雄了。

韓信眨了眨眼，不敢閉目。一閉目，二十萬的冤魂爭出，而項羽的英姿遠離。

※　　　　　　　※　　　　　　　※

天下未定，韓信並沒有離開項羽。

轆轆前進的軍旅生涯中，他靜靜的閱讀書簡，從此封口，不再為項羽獻策。

時勢如他所預測的一樣。秦二世皇帝在望夷宮被丞相趙高所殺，趙高廢棄了皇帝的尊號，另立子嬰為秦王，企圖藉此和諸侯講和。

還是小諸侯的劉邦，說動了守武關的秦兵，裡應外合攻破武關，長驅直入咸陽。當劉邦進入

咸陽之時，秦王子嬰在齋宮中誘殺了趙高，在軹道，素車白馬奉上印璽，向劉邦投降。

劉邦接手咸陽後，下令廢除秦的苛法暴政，封閉咸陽秦宮府庫，半分珍寶未取，只有蕭何取走了秦國丞相府的圖書典策＊。

韓信曾聽聞過劉邦在山東時，貪財好色的事情。於今，從

阿維老師說成語

＊約法三章

故事：秦末，當項羽率軍與秦將軍章邯作戰的時候，劉邦則是往西進兵，長驅直入，攻下秦都咸陽。劉邦進了咸陽後，廢除秦的一切苛法。為了安定秩序、收拾人心，劉邦宣布三條約法，他說：「與父老約，法三章耳：殺人者死，傷人及盜抵罪（我跟父老們約定三條條款，殺了人要償命，傷害了人的要治罪，搶劫了東西的要懲處）。」所謂「三章」是出自劉邦的話。現在只是當作數目的概稱，而不特定是「三」。「約法」是指公開講定的條件，也不必專指法律。

解釋：訂定簡明條款，與人相要約，共同遵守。

阿維老師這麼說：阿維在當老師的時候，也和學生「約法三章」。不能說話，不能睡覺，不能和我嗆聲。說話的學生，被我抓到後，要跟我說：「對不起，我這殘忍的小東西，不再拉鋸著妳肉做的心。」這句話是從瓊瑤阿姨的臺詞改過來的，我以為學生這麼說，一定會覺得很羞辱。結果沒想到他們竟然覺得還好。逼得阿維老師不得不承認，我的「約法三章」徹底失敗。

劉邦表現出來的寬厚自制來看，劉邦的志向不小啊！

韓信度量，劉邦坐擁關中之後，是要與項羽爭霸。

果然，當項羽要入咸陽時，就被劉邦的守軍擋在函谷關外。

項羽大怒，一舉攻破函谷關，劉邦隨即率兵退出咸陽城，屯紮霸水兩岸。

項羽率四十萬悍勇的大軍，在鴻門屯駐。劉邦自知兵力懸殊，此時無法與項羽抗衡，於是他親至鴻門赴宴，向項羽陪罪求和，假意屈服。

席間，項羽一時猶豫，錯失斬殺劉邦的機會，致使劉邦脫身而去。

得知劉邦順利遁走，韓信心中充滿矛盾。

劉邦能屈能伸、知人善任，連當年在博浪沙狙擊秦始皇的當代人傑——張良，都投入劉邦麾

下。

　　將來項羽如要稱雄天下，一定會與劉邦交鋒。

　　對於項羽，韓信總是有那麼一點點的偏私。

　　因為項羽雖剛愎自用，但是以項羽如日中天的聲勢，豪勇霸氣的性格，對他韓信能如此寬待和善，也算是難得了。

　　只是入關後，項羽的所作所為，直叫他低嘆。

　　項羽將投降的秦王，以及秦國王族，盡皆誅戮。搬走了秦國宮庫所藏的珍寶。一把烈火，焚燒秦國宮城，烈焰直衝天際，三個月燒盡咸陽的榮華霸業。

　　爭戰雖息，咸陽城卻已凋零。

　　志得意滿的項羽，手握實權，自命為西楚霸王，尊楚懷王為義帝，分封起義諸侯為王。

　　劉邦，先入關中，封為漢

王，管轄巴蜀等地。

另外，項羽將形勝富饒的關中分封給章邯、司馬欣、董翳三人。三分關中，可以避免他們聚積為患。另一方面，項羽對於劉邦已經有了戒心。藉由三人固守關中，也可以牽制在巴蜀的劉邦。

剩下六國的遺族和從征的將軍，也分別裂土封王。

最後，項羽共封了十八王。曾經為秦始皇所統一的天下，現在又分裂了，而且比戰國時候的七國，分裂得更為細瑣。

韓信已經看出來，各自為王的局面與分封不公的爭議，將為往後天下局勢增添變數。

此外，項羽雖然派了章邯等人扼守關中之地，但是當初就是由這三人動手坑殺了二十萬的秦國降兵。關中秦人對這三人恨之深切，痛入骨髓。

劉邦雖然困居巴蜀，但是當初進入咸陽的時候，劉邦為收攏人心，秋毫未傷。他日劉邦若能出得巴蜀，再回關中，仍是大有可為的。

秦朝已經覆亡，韓信必須重新選擇。

躊躇滿志的項羽，霸業鼎盛，跋扈自得。

若他韓信是要圖個溫飽，項羽必然不會虧待。只是，在「偉大」的項羽帳下，他終究不會有所作為。再則，項羽暴烈的個性與作為，雖能憑藉爭戰獲得天下，卻不能長保天下太平。

所以在西楚霸王富貴東歸的時候，韓信絕棄了對項羽最後的顧念，馳馬向西奔走，直入巴蜀。

劉邦被封為漢王，進入巴蜀時，經過褒谷，將棧道燒去了。劉邦毀絕巴蜀對外的重要的交通

要道，一來是防諸侯兵入侵，二來也藉此向項羽表示，將安心在漢中巴蜀為王，沒有出而爭天下之意。

雖然如此，韓信還是認定，劉邦不過是暫時蟄伏，蓄勢待發。

所以儘管蜀道艱難，韓信還是繞路前行。

3 蕭何保薦封大將

千里奔波的韓信，到了漢中後，以楚軍郎官的資歷，投入漢王軍中擔任連敖的官職。連敖，是楚國沒有一定職守的官。當年劉邦在南陽地區竭力招致天下豪傑，到了漢中，大多閒著。因此劉邦定了些官名來養這批閒人。

韓信本來是等待時機而起，不料漢王劉邦卻遲遲未有動靜。他又因故受到牽連，而被判處死刑。

至此，韓信命運急轉。

刑場上，連同韓信在內，總共有十餘人等待被斬。

有人悲傷，有人害怕，韓信心跳如擂鼓，滿是不甘。

他如果畏懼死亡，怎麼會投身戰場。但是如果要他就這樣死於利刃之下，他絕不瞑目。

沉重的鼓聲敲下，每一下鼓響，一人喪命。

一聲聲，悲悲切切，沉沉壓來，迫得他呼吸困難。

韓信一聲長嘆，難道這就是他的一生了嗎？

就在這時候，站在他身前不遠處，奉命監斬的大夫滕公轉過身來，看到了韓信。韓信投入漢王帳下的時候，滕公曾經接見過他。

四目相接，百感交集，一念轉動，九死一生。

韓信振作精神開口：「大夫，漢王不想爭天下了嗎？」

一句話，讓滕公微怔。

韓信把握機會再問：「漢王甘心長困巴蜀嗎？」

這句話切中滕公的心情。

漢中巴蜀地處偏僻，別說漢王不甘長困，他滕公也不願在此居留啊。

　　滕公心念一動，再看了看韓信。

　　韓信眉頭一揚，朗朗的說：「漢王若要爭天下，奈何斬殺壯士？」

　　這句話鏗鏘有力，震得滕公大驚。

　　滕公睜睜的看著韓信，他的相貌英偉，氣度不凡。就是臨死，也沒有倉皇悲泣，一雙眼眸奕奕有神，這人不只有大志，恐有奇才啊！

　　就在這時候，鼓聲再起，兩名劊子手上前挾持韓信。

　　韓信睜大眼睛，直看著滕公，難道他就要這樣喪命刀下了嗎？

　　「且慢。」滕公回神後及時制止劊子手，「將他放了。」

　　滕公指著韓信，「請跟我來。」

　　韓信臉上鬆弛出一抹笑意。

　　滕公領著韓信入府。命運再轉，韓信剛從死神手中逃脫，他的雄心再度勃發，志氣昂揚。他知道滕公與漢王甚親，如果滕公肯舉薦，自己不難脫穎而出。

　　在滕公府中，韓信侃侃論談天下大事，足足一個時辰，滕公滴茶未進，聽得入神，對韓信深深折服。

　　滕公沒有休息，急忙將韓信推薦給丞相──蕭何。

　　丞相府中，韓信暢談秦亡之後的局面，他列舉事實，扼要的指陳人情與兵要，分析新興的諸侯，「項王分封不公，田榮才會叛楚自立為齊王。只是戰場上，項王是無敵的，田榮不足與之為敵。」

　　蕭何急切的問：「那漢王豈不是沒有機會了。」

　　韓信斬釘截鐵的說：「以漢王現今之勢，要與項王對決，確實

困難。」

蕭何面露頹喪之色，韓信話鋒一轉，「但是，如果諸侯皆反，此起彼伏的反叛他，困擾他，項王終會氣盡力竭。」

蕭何嘆道：「各國諸侯，誰不懼於項王聲威。」

韓信明白的指出，「項王目前雖然以威勢壓人，不過他在各國扶植的新勢力和原來的舊貴族之間，矛盾已深。項王原先安排的格局，必然被破。會發展成什麼局面，尚不可預期，一旦格局被破，項王聲威也會受損。」

蕭何有了笑顏，「韓郎真是高見。」

韓信一笑，「更重要的，如果威脅項王霸業的新局面形成，漢王就可趁隙脫出，這就是我們出巴蜀入關中的時機了。」

蕭何激動的伸手拍案，「韓信，我與你，真是相見恨晚。明

日，我必定會向漢王推薦，拜你為將。」

韓信輕笑。他以為有了蕭何的薦舉，自己該要出人頭地了。

數日後，韓信獲得漢王委以治粟都尉。這是高級官吏，可是，卻不是韓信所希望的職位。

韓信再度面見蕭何，率直的把自己的意見告訴蕭何，「治粟都尉要管理財物，這不是我的長處，怕是辜負了丞相的託付。」

蕭何明白，韓信志在領兵。

蕭何尷尬的笑道:「韓郎，漢王怎麼會做這樣的安排，我也不明白。不過，請你暫時屈就，十日之內，我一定會對你有所交代的。」

這樣，韓信等待著。

十日過去了，第二個十日也過去了。蕭何遲遲沒有消息。韓信雖然去過相府兩次，但是都沒有遇到蕭何。

　　韓信最初的興奮之情已滅，他沉沉的再度思索自己的命運。

　　這些日子，近身接近漢王，他才知道劉邦雖是長於用人，但是他習氣不好，待人傲慢、為人粗鄙、性情躁烈。而且，劉邦自從被封到巴蜀後，終日怏怏不平，卻沒有作為。漢中，沉悶而無生氣。

　　劉邦底下的一些閒官，來自東南地區。如今遠處南鄭，生活上既不能適應，事業前途也渺茫難期，許多人因此在失意中逃亡歸鄉。

　　韓信身邊，每天都有人逃亡，最初逃亡的人被抓回來之後，被處以死刑。但是現在逃亡者已經捕不勝捕，殺不勝殺。

　　巴蜀的情勢，日趨黯淡。在這種頹喪沉鬱的氣氛之中，韓信想起了故鄉，想起了霸王。

　　他既然已經棄絕了霸王，霸

王的富貴榮華，他就不與共享。

　　只是西楚霸王項羽，放棄形勝的關中，富貴東歸的時候，曾經說過，已經富貴卻不歸回故鄉，如同穿著華麗的錦衣，卻在夜晚行走一樣。

　　韓信當時以為項羽因為思鄉才欲東歸。如今細想，才明白項羽的用意。項羽的子弟兵，多是江東人士，這些人在攻破咸陽之後，希望的是勝利還鄉。項羽此語，說的不是自己，而是為了投合全體兵士的心理。以當時的情形，項羽如不東歸，他的大軍可能會逃散。以西楚霸王的威名，若有三、五萬兵卒逃散，項羽恐難以號令天下。

　　項羽確實有過人之處，劉邦若長此下去，只怕仍得屈居項羽之下。至少，眼下劉邦只能以處死來遏止兵卒逃亡，這一點，就不及項羽了。

他離開故鄉三年，眼見暴秦亡滅，跟隨項羽勃興，轉入劉邦帳下。曾死裡逃生，曾慷慨陳詞，但是辛苦奔走，最終也就不過是個治粟都尉。

能在這樣的位子，旁人或許要感到欣喜了。但是他不要。志不能伸，才不能展，那有什麼好戀棧的，不如歸去。

在任治粟都尉一個月之後，蕭何仍然沒有任何表示。韓信相信蕭何已經盡了推薦的責任，必是漢王無意任用，於是他出走了。

他派人將治粟都尉的印信交還給丞相，騎了馬離開都城。

※　　　　　　※　　　　　　※

漢王劉邦每日都為收到的逃亡報告而心驚頹喪。一日，他與曹參共同商討防止逃亡的方法，忽然有人來報告，說丞相逃了。

「他奶奶的，蕭何這賊，竟

然也逃！」劉邦無法再忍，指著曹參，破口大罵，「要逃是嗎？那你也逃啊。」

曹參沖和的回答：「大王與丞相是患難之交，我以為丞相不會逃。」

這一句話，讓劉邦和緩了些。他把咒罵的話，喃喃的含在嘴裡，「那是怎麼回事呢？」

曹參答道：「我將派人再去查探這件事情，請王上稍安勿躁。」

劉邦哼了一聲。他要怎麼樣安啊？他的左右手蕭何如果都逃了，他如何能安啊。可是他又怎麼能躁啊？如果他再無法阻止逃亡，他的基業就要垮掉了啊。

劉邦嘆了一口氣，「你下去吧。」

曹參沒查到什麼消息，劉邦因為這樣寢食不安。三天後，蕭何出現了，他風塵僕僕，直奔漢王宮晉見劉邦。

　　劉邦見了他，又喜又怒。他雖然高興，蕭何終於回來了，但又惱怒蕭何的不告而別。

　　不過不管怎麼樣，劉邦終究是如釋重負，他透了一口長氣，「丞相，人們說你逃走了。」

　　「我是去為大王追亡命者也。」

　　劉邦眉頭一皺，「哪個亡命者，值得丞相這樣奔波。」

　　「韓信。」蕭何帶起了安詳的笑容，「幸好，我將他追回來了。」

　　韓信出走後，他來不及向劉邦稟告，日夜兼程，一路縱馬疾馳，月下追回韓信。好話說盡，才將他勸了回來。

　　不過，一聽到韓信的名字，劉邦的怒意就爆發了，「我以為你是要去追什麼了不起的人物，區區一個韓信，何足掛齒！天天有成千數百的人逃走，諸將亡去的也不少，你不去追，追個韓

信，這算什麼？」

他奶奶的，原來是為了這個韓信，害得他這三天，提心吊膽的。想到這兒，劉邦就更火了。

蕭何正色說道：「大王，諸將易得。但是韓信是獨一無二的人才，國士無雙，非常難得。」

蕭何竟給韓信這樣大的評價！為此，劉邦壓下了怒火。

蕭何繼續說道：「大王若願老死此地，韓信其人自然是無足輕重，倘若想爭天下，可少不得韓信。」

「唔！」劉邦好奇的應了一聲，「這韓信真有這樣的能耐？」

「韓信，確實是開疆闢土的棟梁之才。大王若能用他，他會留下來。不然，他會逃。我向大王保薦過，大王只給個治粟都尉。」

「那也不小的官了啊。」劉邦慢吞吞的說，「好吧，我以他為

將。」

「大王。」蕭何把握了機會。「為將，韓信必去也。」

劉邦皺了眉，「那麼他想怎樣？」

蕭何正肅的說：「大王若是相信臣，願請拜為大將。」

「大將？」劉邦看了看蕭何。

他底下的曹參、彭越、樊噲都還沒拜為大將。竟然要拜個沒有建立半分功業的韓信為大將。

吶！他記得韓信還是從項羽的帳下出來的，可說是在楚漢之間游移的人啊。

如果拜他為大將，必定有不少人要說話。

劉邦再看了看蕭何，蕭何一臉堅定。

「好吧，我依你一次。」劉邦收了視線，喃喃的唸道：「他奶奶的，算這小子有造化。」

「大王。」蕭何認真的說：「您

對人素來傲慢無禮，拜大將如同呼小兒，這與禮未免不合。」

劉邦有些難以置信的看著蕭何，「那你說該怎麼辦呢?」

「古時君子拜將，必先擇定吉日，齋戒，設壇場，然後登壇拜將，豈有拜封大將而呼之即來的。」蕭何慎重其事的說。

蕭何的態度，讓本來還有些錯愕的劉邦大笑。

好，蕭何這樣慎重，那表示韓信必然有過人之處。如果真是如此，他就照蕭何所言，拜韓信為大將。

於是，平時生活放蕩沒有規矩的劉邦，居然齋戒了。兵工在校兵場上築壇，王府也宣布了擇日拜將的消息。

黯淡的漢中有了光彩生氣，人們興奮的議論，未來的大將會是誰?

彭越?曹參?還是樊噲?諸

將皆喜，人人以為該是自己。等知道是韓信後，軍營震動。

※　　　　　※　　　　　※

韓信拜將後，漢王於營中視兵。接著，韓信請求和漢王長談。於是，漢王進入大將內室，與之密談。

劉邦直言：「丞相數次和我提到將軍，不知道將軍有什麼好的計策要獻給寡人。」

韓信問道：「大王，您以為項羽與大王相比，何者為強？」

劉邦沒想到他問得這樣直接而尷尬，沉默了好一會兒，劉邦無奈的說：「我是比不上項羽的。」

「不。」韓信堅定的說：「大王的能耐超過項羽。」

劉邦苦笑，「若是如此，我怎麼會被逼困在這裡呢？」

他看了韓信一眼，韓信不像是吹捧他，那肅穆的神態，叫劉邦轉了態度。「你憑什麼認為我

強過項羽呢？」

「項王在戰場上確實是無敵的。但是項王性情暴烈，天下對他多怨怒，百姓不親近他。項王以為憑一己之力，可以力敵天下，以為本身的才智超過天下所有的人，這便是失敗的起點。臣打算在半年之內，為大王取得關中三秦之地，讓大王重臨咸陽。」

這話，震撼了劉邦。

他朝朝暮暮，心心念念的，就是再取關中啊！

「三秦之地，由章邯等人固守，他們本是秦人，又是名將，豈能這麼輕易奪取？」劉邦急著追問，相信韓信可以給他個答案。

韓信從容的說：「大王，西楚霸王當年，曾經活埋了二十萬秦國降卒，我為此而離開他，投奔大王。當時，章邯是二十萬秦國降卒的統領，竟埋殺自己秦國的子弟，秦人對他恨之入骨，秦兵

不會願意為章邯出生入死。反過來，大王當初進入咸陽的時候，仁德待人，不像項羽放火搶掠。秦人認為大王是仁君，認為項羽是暴徒。這便是大王勝過項羽之處。」

劉邦展開笑顏，因為興奮而顯得有些喃喃，「這倒是……這倒是……」

韓信繼續說道：「現在諸侯多有不服項王的。大王揮兵東進，如果能聯合各路諸侯，最後必然能擊破項王。以前大王困居於此，士卒以為前途黯淡，才會逃亡。戰事一旦開打，允諾士卒建功立業，那麼逃亡的事情，就可以過止。」

「是啊。」劉邦笑道。

韓信一語，化解他心底最為鬱結之事，他對韓信已經折服。

「眼前，臣請大王於半個月之內發兵，立刻派人修棧道。」

「這就要修棧道出去了嗎？」劉邦興奮而激動。

韓信微笑，「大王，我們不從棧道走。」

「不走棧道？」劉邦驚道。

韓信徐徐的笑道：「若要修棧道而出，至少要三個月的時間。這個舉動，只是要擾亂章邯等人的耳目。章邯以為我們至少要三個月後，才有能力出兵。事實上，我們暗地裡繞道陳倉。陳倉小路，雖然難行，並非不能通過。當時棧道被燒，臣就是取徑陳倉。我們明修棧道，暗渡陳倉＊。當章邯等人全力固守咸陽時，大王早已從陳倉一地，進逼關中。」

韓信竟已設想得如此周全，劉邦幾乎激動的說不出話來。他恭敬的對韓信長揖，「我與大將相見恨晚啊！」

韓信向漢王下拜，至誠的

說：「韓信得遇大王，三生有幸。臣願請命，為大王奪得天下。」

他曾在項羽麾下，近身獻策，憤慨無奈而離開。他也曾以為漢王無意用他。如今，他未建半分功業，漢王卻肯信他，託他，許他這等尊榮。

他知道，這是要報答，要償還的。知遇之恩，能不捨命嗎？

不論漢王性格如何，離棄了項羽，他對待漢王，必得全心全意。

阿維老師說成語

＊暗渡陳倉

故事：秦朝滅亡後，項羽將劉邦分封在現今四川一帶。劉邦為了便於防衛，以及讓項羽以為他沒有離開四川爭奪天下的意願，便在進入四川後，將出入的棧道全部燒毀。後來，韓信獻策，表面上派少數士兵修復棧道，裝作要從棧道出擊的樣子，實際上，卻統率主力部隊，暗中從陳倉小路出去，襲擊陳倉一地，打敗守護關中的將領，獲得勝利。

解釋：暗渡陳倉，字面上是指暗中抄小路襲擊陳倉。後來比喻為暗中行事。

阿維老師這麼說：這種事情心機好重，阿維老師不知道怎麼說了耶！（羞，逃走。）

屢建戰功聲名隆

　　於是，韓信領兵，從陳倉以迅雷不及掩耳的速度，攻掠三秦之地。面對三秦聯軍的堂堂之陣，韓信採取出奇制勝之計，正面與章邯迎戰的同時，命令前鋒軍曹參、樊噲南下，切斷章邯的退路，前後夾擊。

　　名將章邯受到突襲，全軍崩潰，只得率領殘兵，退回廢丘，閉城自守，苦待項王前來營救，不敢再迎戰韓信。

　　漢軍所到之處，鬥志已失的秦兵幾乎沒有能力對抗。同時，劉邦派遣下屬去招降散兵，允許分田給他們。

　　這樣，二十天當中，投降的秦兵有三萬餘人。

　　短短的一個月，咸陽再度落入劉邦手中。

　　除了章邯困守的廢丘之外，廣大的三秦幾乎都為漢軍所占。功勞最大的，當然就屬韓信。

　　韓信一戰成名，聲動天下，這個比項羽還年輕的少年將軍，成了漢軍中的神人。昔日藐視韓信的將軍們，如今存敬仰畏懼之心。

　　韓信，是他們的大將了。

　　韓信，也是劉邦的大將了。

　　韓信使他歡喜，使他驚奇，也使他疑懼，使他猜忌。

　　劉邦取得三秦之後，張良獻策，送了密函給項羽。一來表明，劉邦得了關中已經心滿意足，無意出關中和項王爭奪天下。二來附上一份齊王田榮與趙相陳餘意圖聯合滅楚的謀反書信，誘使項王出兵攻打田榮。

　　項羽中計，出兵攻打田榮。

　　楚兵神勇，所到之處，戰無不勝。但是楚兵殘暴，所到之

處，盡皆殺戮。

齊國境內全面反楚，致使項羽大軍深陷泥沼。

劉邦趁隙親掌兵權，率領大軍出關。

不過由於對韓信的疑忌，他讓韓信留守關中，跟章邯等人作戰。隔年六月，韓信引水灌廢丘，城破，章邯自殺，關中地區全部平定。

至於劉邦，出關後，一切進展得十分順利。他採取政治利誘以及軍事威脅相結合的手段，迫降諸侯王，勢力迅速擴大。

另一方面，項羽先前曾經發兵進攻義帝，於江中殺義帝。因此，劉邦親自到洛陽給義帝發喪，袒露身子並且痛聲大哭，喪禮既哀戚又隆重。

之後，劉邦遣派使者遍告天下諸侯，他是為了替義帝報仇而發兵，號召諸侯共同擊殺項羽。

　　等到一切準備就緒後，劉邦率五十六萬大軍直接進攻楚國的首都彭城。由於楚軍的主力在齊國，因此劉邦毫不費力的攻占彭城。取得彭城後，劉邦以為天下大定，得意忘形，縱情於珍寶美人之中。

　　項羽得知彭城失陷，親率三萬精銳騎兵回救彭城。

　　項羽行軍疾若閃電，不過一夜行軍，就近逼漢軍。漢軍措手不及，左翼迅速被擊潰。項羽再戰，楚軍進入彭城，從早上到中午，與漢軍激戰半日，大破漢軍。

　　項羽以寡擊眾，漢大軍完全抵擋不住，十餘萬人不是被殲滅，就是落水，剩下的部眾爭相逃往山區。

　　項羽緊追不捨，一路上，漢軍幾乎潰散。最後，劉邦等少數人被楚軍包圍，情勢危急，差一

點就要被俘虜了。幸好突然間刮
起西北大風，飛沙揚石，天昏地
暗，劉邦才得以突圍而逃。

劉邦逃亡途中，遇到自己的
一雙兒女，他為了輕裝逃命，多
次將自己的兒女推下車，命令他
們各自逃命，但都被忠心耿耿的
夏侯嬰給拉回到車上來。

劉邦見推下車不行，又十餘
次拔出刀來要殺掉這兩個孩子，
幸而被夏侯嬰竭力阻止，才得以
保護下來。劉邦的妻子和父親，
則在逃跑途中遭楚軍俘虜，成為
項羽手中的人質。

劉邦在彭城慘敗，張良等人
獻策讓彭越率兵進入齊國偷襲楚
軍後背，逼使得項羽的主力不得
不回師彭城。

漢王二年（西元前204年）五月，劉
邦狼狽的敗逃至滎陽，昔日隨從
他攻楚的諸侯，現在離叛，向項
羽輸誠。

※　　　　　　　　※　　　　　　　　※

　　局面危殆，韓信奉命馳至滎陽力挽狂瀾。灰頭土臉的劉邦，受挫極深。他一度想遁逃回三秦之地，閉關自守。韓信深知，一旦喪失滎陽至函谷關一帶險要的據地，就不容易再出關，這才說動劉邦在滎陽苦撐。

　　韓信先收拾散兵殘卒，又得蕭何兩萬新兵增援，從而重整漢軍。他利用滎陽的山勢地形，阻止楚軍的攻勢，迫使楚軍不得不暫時停止追擊。

　　漢王二年五月到七月，韓信不只阻止楚軍的進攻，甚至反擊，消滅部分楚軍以及投楚的勢力，轉危為安，依托滎陽一帶的地形建立起一條完整的防線。

　　接著韓信在一次祕密會議中，請求派兵北攻。

　　韓信主張，「大王，我們如果要和項羽打下去，一定要擴充

土地、糧倉、以及兵員。只有北征，才能增加我們的本錢。再說，魏王豹叛變，威脅我軍的側背，不進，也是不行。」

才剛喘了一口氣的劉邦，低嘆，「大將，北征自然是好的。但是我已經沒有兵了。蕭何帶來的新兵，無論如何都不能動的。我要留在這裡自保。」

「大王，北征之役，用不著動用丞相增援的新兵，一樣能建功立業，為大王開拓疆土。」韓信滿懷信心的說。

劉邦笑而不語，沉沉的望著張良。

劉邦陷入矛盾之中，他固然想北征尋謀出路。但是一來，他不敢設想滎陽少了韓信會如何。二來，他對韓信的才幹一直是畏懼的。讓韓信獨領一軍，結果會如何，他一樣不敢深想。

他能信任蕭何、張良、曹參

等人，因為這些人和他有淵源，韓信沒有呀！

張良溫溫的說：「大王，以目前形勢，此地有大王坐鎮，應該無事。北征，也確實有其必要，如果大將親自北征，我想必能成事。」

「嗯。」劉邦應了一聲。

當初，他信了蕭何，重用韓信。蕭何沒有誇大韓信的才能，這也使得他添了一員大將。如今，他似乎只得再信任張良的判斷，希望張良沒有高估韓信對他的忠誠。

劉邦問了問韓信：「大將，你需要多少兵？」

韓信精神奕奕的回答：「只要一萬至兩萬的兵員就可以了。」

劉邦有些不信。一、兩萬破落的兵隊，怎麼成事？

劉邦轉念，韓信一個月內，大破秦兵，三個月之內，轉危為

安，扭轉乾坤。這些事情，他都做到了，或許真能成事。

可是……劉邦苦笑，「大將，目前我軍實在需要休養。能不動干戈，是最好的。我先派人招降魏王豹吧！」

對於劉邦的退縮不前，韓信有些失望，但他仍然微笑以對，「一切但憑大王決策，韓信這條命，願隨時為大王出征。」

劉邦一笑。韓信說得這樣忠誠，只是他心底就是有那麼一些些的不放心啊！

之後，劉邦派辯士酈食其去勸降魏王豹。

魏王十分堅定的對酈食其說道：「漢王劉邦傲氣十足，對待諸侯和群臣像對待自己的奴婢一樣，隨意謾罵和凌辱，毫不講究上下之間的禮儀和規矩，我再也不想見到他！」

酈食其一無所獲，空手而

回。劉邦見勸降不成，只得以武力迫之。他將韓信晉升為左丞相，地位僅低於蕭何，再令韓信為大將、曹參為步兵主將，率兵進擊魏地。

韓信底下雖是殘兵，但是他用兵如神，計謀奇異詭詐，聲南擊北，再以主力襲戰魏軍的後方重鎮，切斷其歸路，全數殲滅魏軍，俘虜了魏王豹。

韓信從揮軍北上，攻占魏都平陽，到全部平定魏地三郡五十二縣，前後不過一個月的時間。

魏國還未完全安定下來，劉邦立即派人前來，把被俘虜的魏國精兵、魏王豹全家，以及大量物資，通通調往滎陽。

韓信估量形勢，派人向劉邦請求增加三萬兵士，往北可以攻擊趙國、燕國，向東可以迎戰齊國，往南則可以斷絕楚國的糧道。

劉邦找不到拒絕的理由，只得讓韓信增兵三萬。

另一方面，他派了張耳給韓信做助手。

張耳這個人，與趙國的淵源極深，在趙國有大量的耳目以及一定的影響力。劉邦派張耳過去，一來，可以協助韓信了解敵情。二來，則是為了方便監督韓信。

在趙國旁邊有個小國──代國。

韓信快速滅掉代國後，劉邦也馬上把韓信在代國俘獲的全部代軍都調往滎陽，而且這次連同大將曹參及曹參所屬的部眾，都一同調回了滎陽。

這使得韓信兵力受到極大的削弱，於今，他將以不到四萬的兵力，面對趙王和趙相陳餘所率的二十萬大軍。

趙國占有井陘口。井陘口是

太行山有名的八個隘口之一，地形險峻，易守難攻。趙相陳餘在隘口較遠的地方安營待命，目的是在等韓信過了隘口之後，再以絕對優勢的兵力發起攻擊，一舉殲滅漢軍。

陳餘底下的謀士李左軍，向陳餘建議率領三萬精兵，切斷漢軍後勤供應，逼使漢軍前進求戰不得，後退回師不能，可確保萬無一失的打敗韓信。

陳餘是個不知變通的讀書人，深以為正義之師是不用詭詐的計謀兵術，因此拒絕了李左軍的建議。

韓信得知此一情報，放心的率軍長驅直入，在井陘口以西三十里處紮營。

到了半夜韓信忽然發布作戰命令，選出輕騎兩千，命令他們手持漢軍的赤旗一面，從偏僻的小路前進，暫時隱伏於趙軍大營

附近的山中。

　　兩千輕騎受命，一旦趙軍精銳盡出，與漢軍作戰的時候，就趁虛占領趙軍後方營塞，拔掉趙軍的旗幟，遍插漢軍的赤旗。

　　然後，韓信又派出一萬人為先鋒，讓他們先行一步，渡過綿蔓水的東岸，背對河水布列兵陣＊。陳餘見到韓信的布陣，大笑不止，以為韓信徒有虛名而已。

　　兵法上明確的指出，布陣時

阿維老師說成語

＊背水一戰

故事：韓信攻打項羽的附屬國趙國的時候，趙國派了大軍守在太行山以東的咽喉要地井陘口。韓信渡過綿蔓水的東岸，背對河水布列兵陣。陳餘見到韓信的布陣，大笑不止，以為韓信徒有虛名而已。因為背水布陣，把自己放在無路可退的「死地」之上，這是兵家大忌。兩軍交戰，韓信同趙軍戰了一陣，便佯敗遁走，退入背水陣中。趙軍傾巢出動，趁勝追擊，向漢軍猛攻。漢軍由於背水布陣，一旦兵敗，必將落水，因此拼命向前，最後終於獲得勝利。

解釋：比喻處於絕境之中，為求生路而決一死戰。

阿維老師這麼說：這就是人生，沒有退路時，只能前進啊！所以燃燒吧，熱烈的青春！

要將右側依托著山陵，左前方有水流或沼澤環繞著，以利保護自己兩翼，免遭敵軍的突然襲擊。而今，韓信卻讓部隊背水布陣，把自己放在無路可退的「死地」之上，這是兵家大忌。

天明之後，韓信建起大將旗鼓和張耳一起統率漢軍主力，主動出擊。趙軍立即出兵迎戰。韓信和趙軍戰了一陣，便佯敗遁走，退入背水陣中。

趙軍傾巢出動，趁勝追擊，向漢軍猛攻。

漢軍由於背水布陣，一旦兵敗，必將落水，因此拼命向前。

趙軍後面則是要塞，每一名士兵都明白，退後是安全的。

因此漢軍雖是少數，氣勢卻是驚人的。

漢軍人人爭前殺敵，瘋狂而勇猛。狂猛的鬥殺使趙軍萌生怯意。韓信將大將的大旗置於車

上，由兩百名騎士護車，狂怒的衝入戰場。兵士們看到大將親自臨陣的時候，興奮的歡呼，聲響如雷，漢軍聲勢恣狂駭人。

雙方由日出戰到暮色，趙軍遲遲不能取勝，心悸大驚。

陳餘只得下令退兵，卻不知趙軍營寨已經被漢軍的兩千騎兵所占。他回頭一看，時近黃昏，暮靄沉沉，風聲颯颯作響，營寨上赫然飄揚著漢軍赤旗。

陳餘進退失據，趙軍大驚，一時之間生了變亂，紛紛潰逃。韓信趁勢進擊，跟已經占領趙營的兩千輕騎前後夾擊。

漢軍大獲全勝，趙軍二十萬的統帥陳餘慘遭張耳射死。

戰後，所有的將領懷著敬畏嘆服的心情到韓信面前匯報戰績，慶賀勝利。將領們伏低身子向韓信請教。

「兵法有云，布陣要依山臨

水，為什麼您卻是要我們背水布陣？」

沒有人再敢質疑韓信，只是這場勝利，如有神助，至今想來，他們仍不能相信。最初，他們以為必敗無疑啊！

韓信微笑以對，「兵法上也說了『陷之死地而後生，置之亡地而後存』。我們有秩序的進入絕地布陣，加上調度得宜，以及諸公奮戰，所以能勝。」

事實上，他所領的兵，不止數量少，訓練也不精。他與兵士又無相處，對兵士而言，他並無恩德威信，只有當無路可退之時，士兵才會爭前殺敵。要是還有後路，人人顧命，各自逃生，絕對不可能獲勝。

只是背水一戰，他讓將士置於險境，又何嘗不是讓自己困陷於死地。

他以性命為賭注，為漢王攻

下趙國。

即便知道漢王近來諸多動作，心機用盡，目的是在牽制他。他仍然至誠執著的為漢王立功拓土。他的榮貴是漢王所許，是漢王讓他得以施展抱負才能。

為漢王，他願將自己置於死地。

※　　　　※　　　　※

韓信滅趙之後，命人去尋找陳餘的謀士李左軍，待之以禮，推心置腹，終於說動李左軍為他效力。之後，他採用李左軍的計謀，不動干戈，憑藉背水一戰後的氣勢，遊說燕國投降。

短短三個多月，韓信從關中出兵以來，接連大敗魏國、收取代國、消滅趙國、降服燕國。現在的他，手握重兵，聲威震天。天下人皆景仰韓信，不敢逼視。

同年，漢王劉邦與項王苦戰，節節敗退。在項羽猛烈逼進

下，漢王大軍全數被剿滅，劉邦被迫放棄苦守的滎陽城，再度狼狽慘逃。

天濛濛未亮，韓信還在睡夢之中，衣衫襤褸的漢王帶著敗將和謀士直接闖入帥堂。

漢王突然到來，守帥堂的尉官陳足倉皇迎接。

劉邦坐定後，面無表情的從衣袍內掏出掌管軍隊的虎形兵符，放在案上，掃看了一眼陳足，森嚴的說道：「對符。」

陳足略有遲疑，終於拿出了大將的符頭箱。

劉邦親自開啟符頭箱，取出大將的虎符和節令，分別交給自己的心腹謀士陳平與大將樊噲。

這一個動作，等於是奪走了韓信的兵權。

陳足萬分驚疑。

「喂。」劉邦粗獷的命令著，「去找我的大將來。」

「是。」陳足倉促的應了聲，急切的退下。

韓信被轅門的鐘鼓之聲驚起，陳足求見，告知漢王將符節取走之事。

韓信從沒想過，不過是一轉眼的功夫，他的大權就被奪走。

他心頭一怔，脊柱一涼，頭皮一麻。

陳足又給了韓信一個心寒的消息，「我來的時候，得知各交通要道，都由曹參將軍派人守哨。」

這意味著，如果韓信要逃，也無路可逃。

韓信愣了一愣，一度說不出話來，半晌後，他賭氣的一笑。「走吧。」

他本來兵權在握，如今兩手一空，漢王竟然還要防堵他。

原來，面對漢王，才是他的背水一戰。生與死，有與無。

韓信轉念，邁開步伐。陳足緊隨，問道：「大將，我們該如何應對？」

「坦誠相對。」韓信昂首，「我對漢王沒有半點虧負。」

韓信便衣謁見漢王，漢王威肅的看著韓信入帥堂。當韓信行禮如儀時，他一揮手，似笑非笑的說：「大將，我在滎陽垮了。他奶奶的，沒奈何，我要用你的兵了。」他嘆了一口氣，做戲似的拍案。

韓信看著漢王，謹慎的回答：「韓信是漢王的大將，代大王出兵。此地所有兵馬，都屬大王所有，大王隨時可調出作戰。」

漢王一展笑顏，「是大將有本事，才能拓土增兵。我來的時候，大將還高臥未起，我命樊噲、陳平來協助你調遣軍隊，你去找陳平看看吧！」

「是。」韓信恭應，退下。

　　兩個時辰後，劉邦將大軍的虎符節令交還到韓信手上。從取到還，輕鬆的像是做戲。

　　下午，劉邦巡視平陽，態度變了，輕鬆和悅。

　　當夜，劉邦與韓信獨處，一身尋常百姓的輕衣褲，神情親暱和善，與韓信閒話家常，關心他的起居，甚至是他的婚事。

　　「大將是天下英雄，該找個什麼樣的絕色來匹配哪……」劉邦一副苦惱的模樣。

　　「韓信豈敢稱雄，一切都是仰仗大王德威。」韓信將劉邦恭敬的掛在嘴邊。

　　「我有什麼德威？」劉邦苦笑，「項羽是惡鬼，我遇到他逃得狼狽。大將，我真忌妒你。你步步逼近，我卻節節敗退。人們知道有漢將，不知道有漢王。」

　　最後一句話，重了。

　　韓信急著下跪，極其不安的

說道：「大王……」

劉邦堵了他的話，跪下來扶他，「大將，你別怪我。我是怕你不聽我的話，今早才會奪了你的兵權。你比我想得還好……這一陣子，我臉上毫無光彩。唉，世態炎涼，一言難盡，我自己遭了挫折，錯疑心你。韓信……」他語帶哽咽，似是激動的不能言語，眼中泛潤著淚光。

韓信心口一熱，「大王，韓信畢生效忠大王，絕無貳心。」

「我知道，我知道。」劉邦急切的說：「往後，我們將如兄弟，禍福與共，至誠相對。」

至誠相對，劉邦是這樣允諾的。

這一刻，陰霾看起來像是散盡了。

5

左右楚漢稱英雄

　　劉邦盡收韓信兵將，重新整軍，意圖與項羽再戰。另一方面，他拜韓信為相國，地位與蕭何相同。命令韓信再組新軍，然後攻齊。

　　劉邦命韓信攻齊，目的在吸引楚軍回頭救齊國，對劉邦自然有利。

　　但是齊國強大，韓信精兵被收，一時之間，根本無力攻齊。

　　面對這樣的局面，韓信只得拖延著。

　　劉邦從韓信處得兵之後，捲土重來，聲勢浩大，一舉奪了重要的糧倉——成皋敖倉，直向滎陽。

　　項羽移軍救滎陽，劉邦與項羽再度對陣，劉邦再度潰敗，退守成皋，修築堅壁以阻止楚軍直

入。

劉邦苦等不到韓信，只得一面催促韓信出兵，一面向韓信借兵，再一面護送一位出身貴族的女子北上，作為韓信的妻子。

韓信整兵完成之後，率領二十萬大軍分路攻齊。人們相信，這支軍隊可能天下無敵。在成皋前線苦守的漢王，獲得韓信出師情報時，忽然後悔了。

他想收服齊，卻不願意是由韓信來收服，於是漢王命辯士酈食其到齊國勸降。不過這件事情，他並沒有正式通知韓信。

齊國方面，齊王本已集中齊國二十萬大軍，準備迎戰韓信，後來被酈食其說動，決定投降，撤了防線，日夜與酈食其縱酒作樂。

至於韓信，率領大軍，正準備渡河攻齊的時候，才得知酈食其已經勸降齊國。這是漢王防堵

他啊，防堵的手法這樣急躁粗暴，韓信難堪而感傷的看穿漢王的用意。

那一夜，漢王許諾至誠相待。有那麼一刻，韓信滿腔熱血，以為應該肝腦塗地。於今，他的心一截截的涼了。

「我將罷師回平陽。」韓信頹喪的告訴謀士蒯徹。

蒯徹問道：「漢王可有詔令要大將罷兵？」

韓信苦笑，「齊都降了，我能不罷兵嗎？」

蒯徹嚴肅的問：「漢王沒有詔令，大將能罷兵嗎？罷兵之後，大軍如何善後？大將如何立足？」

韓信心口一凜。蒯徹問得他無言。

蒯徹繼續接口：「若不是大將大軍壓境，酈食其一介書生，哪裡能憑藉著三寸不爛之舌，說降齊國七十餘城？但是大將統率數

萬大軍，爭戰年餘，不過平定趙地五十多城。兩相對比，功勞反而平白讓酈食其搶去了。」

這句話，深中韓信痛處。

他自然不甘心功勞被酈食其搶了去，但是他更不甘心，漢王這樣對待他。他也是有苦說不出啊！

韓信忖了忖，沉吟道：「我若出兵，漢王必定不諒解我。」

「漢王……」蒯徹剛剛說得酣暢痛快，現在卻是欲言又止。

就是蒯徹不說，韓信心底也是明白。對於漢王的命令，他向來是恭敬順服，但是漢王還不是在平陽奪走他的兵符。

他如果出兵，漢王或許不諒解。不過一旦日後他在齊地站穩，漢王將拿他莫可奈何。於今，漢王沒有詔令，他卻退兵，日後漢王一樣可能責難他。而他，將一無所抗。

　　想到這一層，韓信悚然心驚。

　　蒯徹看得出他心意轉動，再言：「漢王若不諒解，也是日後的事情。眼下，大將就要進退失據了。再說，就算酈食其說動齊國投降。齊國只圖自保，恐怕不會真心給予協助，一舉攻下，總是功大於過的。」

　　「先生之言有理。」韓信定睛看著蒯徹。

　　※　　　　　　　　※　　　　　　　　※

　　齊國宮外戰鼓驟然響起，宮內歡樂的樂音嘎然歇止，齊王大驚大怒，酈食其狼狽萬分。

　　齊王怒道：「酈食其，如果韓信不退兵，我烹了你。」

　　酈食其曾以言語縱橫，如今無話可說，承認自己有誤，甘心受死。

　　韓信直奔齊國都城臨淄而來，齊王只來得及烹煮酈食其，

就倉皇出逃。東方大國齊國，倏忽之間土崩瓦解。

韓信初入齊王宮，王殿上，巨鼎仍然騰著熱氣，鼎內沸滾的油水烹著漢大夫酈食其。

背棄和議的是韓信，落入鼎鍋慘遭烹煮的是酈食其。

韓信看了酈食其一眼之後，迅速低頭走開。

油水聲還嗶啵的碎冒，不知怎麼了，他悚然的想到了當年項羽下令坑殺降卒時，那一夜，淒厲的嚎聲。

於今，他雖不是滿手血腥，但不在戰場上，卻也殺了人了。

※　　　　　　※　　　　　　※

漢軍以齊國臨淄為核心，分兵四出，繼續占領。不過，占領了齊國中心地區之後，韓信不再窮追敗亡的齊國王族。他傾力開穀倉，招撫流亡散兵。

他深知，如果要在齊國立

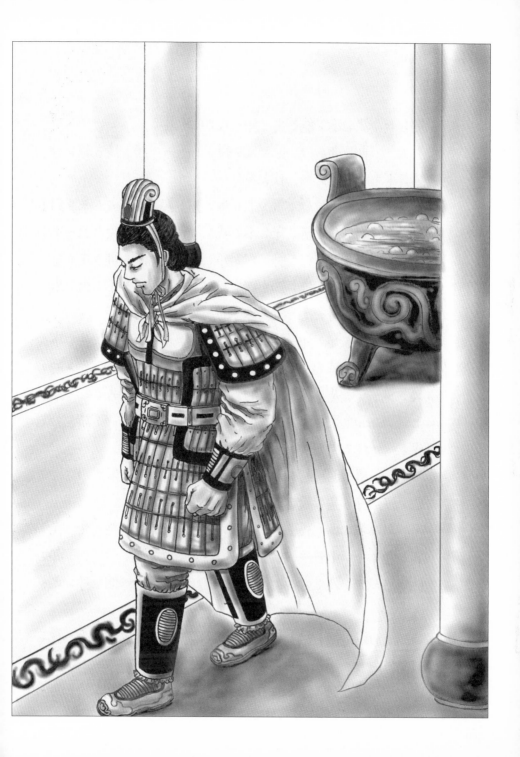

足，就不能失卻人心。

再者，他又得知一項情報，楚軍將出兵救齊。

當時，項王與劉邦在成皋對峙，劉邦堅守不戰，逼得項羽不耐。項羽曾將劉邦的父親綁在壁上，派人告知劉邦：「如果不出來應戰，將烹殺你的父親。」

劉邦卻笑道：「我與項王共事懷王之時，曾約定為兄弟。我的父親就是項王的父親。請告知項王，如果要烹殺我的父親，請分我一杯肉羹。」

項羽怒得大罵劉邦流氓，卻也沒有烹殺劉邦的父親。

戰事膠著著，敖倉的糧食在劉邦手中，項羽一籌莫展，劉邦也無能為力，雙方相持十個月之久。

這個僵局因為韓信攻齊而被打破。

項羽派龍且率領二十萬精兵

救齊。

為了應付龍且，韓信與李左軍苦思對策。

李左軍指出當前的局勢，「依我的估計，龍且來救援齊國，應該會以訓練精良的大軍壓迫我方，而不求速戰。另一方面則由齊王號召各城百姓散兵，起來內應攻擊。如此一來，只要一個月，我們就會被拖垮。」

李左軍說完後，韓信沉默不語。

李左軍見狀，振作精神說道：「說不定，我說得太嚴重了。」

韓信搖頭，「不，先生說的和我的推斷一樣。如果沒有一點運氣的話，我想……我想，我們恐怕真的就完了。」

「形勢不全是這樣嚴峻的。」李左軍又道：「如果初戰不利，我們可以退兵入趙，等龍且走了，再來攻齊。」

　　韓信苦笑，「我不是不曾想過這點，只是如果這樣，漢王將不以我為將。」

　　聞言，李左軍無語。

　　「我需要一點運氣。」韓信喃喃的說。

　　李左軍問道：「大將所指的運氣是……」

　　韓信說道：「如果龍且輕視我，領兵求戰，那麼我將有機會利用濰水的形勢，一戰取勝。倘若他堅持不出兵，我就一籌莫展了。」

　　用兵如神，人人景仰的大將韓信，竟沉重的說出「一籌莫展」。

　　李左軍低喟，帳營陷入沉重之中。

　　這一仗，龍且來勢洶洶，韓信並無必勝的把握，直到飛騎探報，指出楚國大軍，全師向濰水前進的時候，韓信的心情才激動

昂揚起來。

龍且好大喜功，想要與韓信正面決戰，才會全數向濰水前進。他卻不知道，這一步，已經渡向冥河。

韓信先令人做好一萬多個麻袋，半夜祕密的派人帶著麻袋來到濰水上游。令人用麻袋裝滿砂石，把濰水上游堵住，使下游的水位變淺。

天明之後，韓信令一半漢軍埋伏在濰水西岸，自己率領另一半漢軍涉過濰水，挑釁龍且。龍且立即率兵應戰，大舉出擊。

雙方接戰不久，韓信即佯戰敗逃走，退到濰水西岸。龍且大喜，以為擊敗韓信，下令全軍渡河追擊。

就在這時，韓信命令上游的漢軍掘開沙袋，濰水立即暴漲，滾洩而下，暴水快於奔馬。齊楚聯軍，驚慌失措，多人被大水沖

走。僥倖渡河的，則被漢軍伏兵全數殲滅。

龍且戰死，楚軍慘敗。

韓信大勝，漢軍狂喜，歡聲雷動。

連平素冷靜的李左軍，面對這樣的大勝，也不禁激動顫抖起來。

韓信望著滔滔的濰水，滾滾濁流，年少的記憶就這麼不經意的奔洩。

秦末，天下大亂，他投身軍旅，當時才二十二歲，什麼也不畏懼。多年征戰，幾番出生入死，這次竟才真正感覺到，自己是在怎樣的驚險中求得大勝的。

他忽然轉向李左軍，恍然的問：「先生，每場戰爭多少都需要運氣的。你想，我還能好運多久呢？」

李左軍陡然打了個寒顫。

這樣的勝利，應該要讓人熱

血沸騰，他卻在韓信的話語中，聽聞出蒼涼、蕭瑟、疲憊與惶惑。「大將。」李左軍試圖振作他的精神。

韓信露出一笑，比了個手勢，制止李左軍說下去。「士兵們這麼高興，我們應該好好慶祝的。」他一掃低鬱的氣氛，以輕快的語調說道。

韓信不是強顏歡笑，只是他知道他必須收拾起他的感慨，否則怎麼面對下一場的戰局。

他是漢大將，允諾要以生命為漢王開疆拓土。這一點，他從來沒有變動過，只是這一刻，他才突然發現要害怕了。

他不是要逃避戰場，只是他渴望有個安定的後方，一個屬於他自己的後方。真正屬於他韓信的兵馬和土地，讓他可以少靠一點運氣。

　　　※　　　　　　　※　　　　　　　※

楚兵戰敗潰逃後，劉邦派在韓信軍中的人，送來密報。密報指出，齊國七十餘城，已為韓信控制，局面大定。韓信聲威極盛，回師齊都臨淄時諸將皆拜服，不敢仰視。

獲報之後，劉邦終日鬱憤。

情況總是如此，每每他劉邦坎坷於戰場的時候，韓信總能大獲全勝。

日前，他為了激怒項羽，在土牆上斥數項羽的罪狀，不料項羽騎馬直馳，手起了一箭，竟然就射中他的腹部。

當時他痛徹心扉，幾乎要昏厥過去，但為了怕軍心浮動，他只好忍痛假裝只有腳趾被項羽射中，回帳休養片刻後，隨即強顏出現於眾人之前。

如今，他的傷口雖然已經痊癒，但是和項羽對峙的局面並沒有突破。

　　忌妒與不滿，使得劉邦更處心積慮的削弱韓信的勢力。在未徵詢韓信的意見前，他便將韓信的副手張耳立為趙王，希望藉此拆散韓信和張耳的聯合。

　　劉邦的左右即便知道這樣會引來韓信的不滿，但是因為劉邦堅決的態度，以及對韓信崛起的忌妒，所以並未阻止劉邦。

　　終於，韓信的使者到了。

　　劉邦在內帳接待韓信的使者，張良和陳平隨侍在側。

　　使者陳高報告了齊國的一般情況，說明齊國雖然大致為漢軍控制，但是齊國的王族仍然匿藏在齊國境內，使得漢軍處處受到牽制。「就是因為如此，才使得大將無法協助大王出兵攻楚。再加上齊人多詐，大將希望能有個名義，鎮住他們——大將有書致大王。」

　　陳高自懷中掏出一疊薄簡，

呈送到漢王手裡。

劉邦挑開書簡來看，陳高接口：「齊國歷來反覆無常，南部又與楚國相連，如果不冊封一個齊王來進行安撫，則無法統治。大將請求得到一個假王的名義，代理齊王來治理齊國。」

聽聞這番話，劉邦氣得大拍桌子，當著陳高的面痛罵：「他奶奶的，我被項羽困在這裡，天天等他韓信來救援，他推三阻四不說，現在還想自立為王，真是豈有此理！」

一旁的張良、陳平趕快暗自踩了劉邦的腳。

出身市井的劉邦，本來就是個機敏善於應變的人，因為張良、陳平的暗示，他猛然醒悟。

陳高因為他的詛罵，變了臉色。

劉邦心裡一驚，暗罵自己快嘴糊塗。

　　雖然他痛恨韓信要脅，但是此刻情勢對他不利。如果他不讓韓信稱王，因而發生了其他意外事情，對他就會更加不利。

　　體察形勢艱難，劉邦嘴裡仍然罵道：「他奶奶的，韓信這小子，他從項王那裡逃來，我用他做大將，竟然這麼沒有出息。他奶奶的，大丈夫立身天地之間，東征西討，建功立業，要做就要做真王，做什麼假王。」

　　他巧妙的接口，將兩段不同的話，一氣呵成的說完。

　　劉邦哼了一口氣，「韓信真沒志氣，我連張耳都封了個趙王，怎麼會不封他呢？別說什麼假王了，就封他為齊王。」

　　陳高冷靜的說了些場面話，「大王，大將自請為假王，那是為了替大王鎮守齊國。大王冊命大將為真王，那是賞賜有功。陳高謹代表大將感謝大王賞賜。」

「嗯。」劉邦應了一聲，對張良說道：「封齊王的事情，交給你去辦理。其他有功的將士，也要一併賞賜酬勞。」

「是。」張良恭謹的接受命令。

陳平說道：「陳先生既然代表大將而來，我們可以共同商量會兵攻楚的對策。」

「好、好。」劉邦帶起笑容。「今天讓陳先生休息，明天你和陳先生談談。」

劉邦又不著邊際的說了幾句話，結束雙方的會談。

等陳高一離去，劉邦一口氣再也忍不下去。他滿口粗話的罵著：「可惡，韓信這小子背信忘義，竟然要脅我。他奶奶的，他奶奶的，他忘了當初是誰用他的嗎？」

張良沉著的說：「大王，目前韓信占盡上風，大王若當面拒絕

韓信的使者，只怕有不利的影響。再說，韓信如果要自行立為齊王，我們只怕也是沒有辦法。」

「可惡！可惡！」劉邦咬牙切齒連聲咒罵。

陳平接應說道：「大王，依目前形勢，我們只能封韓信為王，不然他不肯發兵來救。」

「我考慮的也是這一層啊！他奶奶的，我並不是不願意賞賜韓信，只是現在還不是時候嘛！」

張良看了漢王一眼。他知道，劉邦這幾句話是說給自己和陳平聽的。

「唉。」劉邦忽然又大嘆一口氣，「人心難料。我把韓信當作自己的子弟，誰知道，他竟然會趁我有難的時候要脅我。張良、陳平，這真真使我傷心。」

張良和陳平沒有接口。此時，似乎不宜說些什麼。

他們沒回應，劉邦像是自顧

自的說起來:「還有一件事情，韓信不明白。我在韓信身邊安排了曹參和灌嬰。他們兩個是我的生死之交，他們和我，就如同我和你們一樣。韓信如果真有不軌的行動，他們是不會容得下韓信的。」

說到這兒，劉邦陰沉沉的有了笑意。

張良和陳平互望了一眼，空泛的說了句：「大王英明。」

劉邦又露出了感傷的神情，「我當然不希望我與韓信走到那一步。你們知道，我是很顧念情分的。也只有我肯用一個既無名氣，又無淵源的人擔任大將啊！我不指望韓信感恩報德，但是我希望他不要拉住我的腿，使我跌倒。」

「是啊。」張良和陳平漫漫的接口。

※　　　　　※　　　　　※

114

　　韓信封為齊王之後，天下的形勢很快就出現楚、漢、齊三大勢力中心。項羽和劉邦相持不下，難分勝負。韓信手握重兵，地位關鍵。因此項羽派了一名叫武涉的辯士到齊國來遊說韓信。

　　武涉分析天下情勢以及劉邦為人，企圖說服韓信背棄劉邦、聯合項羽三分天下，自立為王。韓信以承受劉邦恩德，不願意叛離為理由，拒絕了武涉，武涉無功而返。

　　面對齊、漢、楚三足鼎立的局面，韓信身邊的心腹謀士蒯徹也有他的盤量。一日，藉著與韓信喝酒之際，趁著酒興，蒯徹突然提到他懂得看人的面相。

　　「先生會看相？」韓信隨意笑問：「那先生看我的相如何？」

　　蒯徹裝模作樣，站了起來，探前觀後的看了看韓信，意有所指的說道：「看您的面，最高不過

是封個諸侯罷了，而且還會有很大的危險。看您的背，那可是前途無量，貴不可言。」蒯徹話中有話，意指韓信若是面向劉邦而稱臣，最多只是封侯，但若背叛劉邦而自立，則前途不可限量。

韓信裝作聽不懂的樣子，又問蒯徹：「先生所言是什麼意思？」

蒯徹說道：「當初天下起兵，是為了推翻暴秦，拯救人民於水火之中。但是現在楚漢相爭，卻是為了爭奪權力，反而使得人民白白犧牲。項羽轉戰三年，被劉邦所阻，無法西進。劉邦率領數十萬大軍，卻是屢屢失敗。雙方已經精疲力竭，人民也是哀怨無窮，只有聖人出，才能平息這場災難。」

蒯徹繼續說道：「不論項羽或是劉邦，他們的性命都是懸在您的手上。您幫助漢王，則漢王勝。您若幫助項羽，則項羽勝。」

蒯徹所分析的情勢，韓信心中都清楚明白。他嚴肅的說道：「先生，我是不可能背棄漢王，讓漢王敗亡的。」

蒯徹很快的說：「我並不是要大王幫助項羽攻打漢王。真正上策，是大王中立，靜觀天下之變。這樣漢王不會敗亡，但是大王仍有立足之地。」

韓信動搖了，不再說話。

蒯徹見狀又說道：「現在的局面，只有大王與楚漢三足鼎立，率領強大的齊軍，輔以燕、趙之眾，西向為人民請命，命令楚漢停止戰爭，才能令天下獲得太平。您這樣的做法必能得到天下人的響應，項羽與劉邦反而得聽從於您。您再進一步把楚漢一一分割，冊立一些弱小的諸侯，使楚漢失去左右天下的能力。新立的諸侯對您感恩戴德，您自然就成為天下的主宰。」

　　韓信只想自保，未曾想到這一層。蒯徹之說，讓他內心一時激昂起來。

　　威霸天下，成為諸侯之首，就是他離開大澤的時候，也不曾動過這樣的念頭。

　　為此，他的臉紅熱了起來。

　　蒯徹看了看韓信的表情，把握機會繼續說道：「情勢是說變就變的。現在的時機，最是有利於大王。這是上天賜與的洪福，大王若不善用這樣的時機，日後反而要遭遇橫禍的。」

　　成為諸侯之首！韓信轉念，明白這意味著背棄劉邦，甚至可能使得劉邦最終被毀滅。

　　這一點，他不忍。

　　終於，他搖搖頭。「先生所言甚是。但是我和武涉說過，我有漢王的提攜才有今日。這是真心話，我不可能背棄漢王。」

　　他一字一句說得真誠。他不

是昧於情勢，而是顧念情分。

　他向漢王求封齊王，為的是自保，而不是棄絕劉邦自立。他從未忘記，當日拜將，那莊嚴的場面。他許諾過自己，要以性命相報劉邦的知遇之恩。

　「大王。」蒯徹直言：「您以為您與劉邦的關係良好，想要幫助劉邦建立不朽的功業。我以為這個想法是錯誤的。當世之中，情感最好的，莫過是現在的趙王張耳跟陳餘。他們兩個曾經是生死至交，可是井陘一役，趙王射殺了陳餘，這件事情，是大王所深知的。大王以忠信侍奉漢王，漢王是否以同樣態度對待大王，我就不敢說了。」

　蒯徹冷靜的加了一句：「漢王為人，不是重情的。」

　韓信想起平陽奪符的事情，垂下頭來，感傷而沉默。

　蒯徹又言：「春秋時候，文種

和范蠡幫助越王句踐復國，但是句踐成了霸主之後，大夫文種被殺，范蠡被迫流亡。他們兩個都是忠信之士，最後落得如此的下場，並不是因為背信棄德，而是如同范蠡所說的，狡兔死走狗烹，飛鳥盡良弓藏。一個人英勇謀略超過國君，自身就會危險，功勞蓋世無雙，就得不到獎賞。您立了蓋世之功，展現了罕見之才，有了這樣震主之威，投降項羽，項羽不敢相信您，但是歸附劉邦，劉邦也是心存疑懼。」

蒯徹一再說中韓信痛處，這使得韓信陷入痛苦的矛盾之中。

對於劉邦，他始終不願背德，這固然是原因之一。其次，他也想到自己的部下。曹參他們是劉邦安插在他身邊的人，他們是否會跟隨自己，他沒有把握。這是隱衷，他不能說。再者，他不知道是該安於現狀，還是冒險

一擲。

他有太多顧量，猶豫難決。最後他婉轉的對蒯徹說道：「先生，先休息吧，我需要好好的想一想。」

結束了會談後，又過了一些日子，蒯徹見韓信還未做出決定，再一次勸說韓信要把握時機。

「善於聽取正確的建議，是事業得以成功的先兆。善於做出正確的決策，是事業得以成功的關鍵。一個甘心聽人擺布的奴僕，永遠不可能獲得天子的權威。一個情願守護微官薄祿的小吏，永遠不可能得到將相的高位。心裡明明知道，行動上卻畏懼而不決定，決定而不行動，行動而不果斷，這一切都是使得大業難成的禍根！大業是難成而易敗，時機是難得而易失，請您一定要果斷。」

　　蒯徹再三進言，韓信仍一再猶豫。

　　他不忍背叛劉邦，又自覺功勞蓋世，劉邦總不會奪走齊的封地。只要能保住齊國，也就有安身立命之處。

　　最後，他婉拒了蒯徹的建議。

　　蒯徹見自己的建議未被採納，深知事關重大，一旦洩漏出去，勢必滅門。不久，他佯裝發狂，逃奔他鄉。

6 運籌帷幄定天下

　　漢王四年八月。情勢再度發生變化，漢王所領的諸侯，勢力從四面箝制項羽。項羽在四面受敵、兵疲糧盡的情況下，被迫與劉邦議和。雙方以古運河鴻溝為界，以西屬漢，以東屬楚。項羽把劉邦的父親和妻子送歸漢營，然後於同年九月引兵東歸。項羽撤兵之後，劉邦因為疲於軍事，也打算收兵回關，不過在張良和陳平的分析之下，劉邦改變心意，打算利用項羽東撤的機會，會同韓信和彭越以及英布等人殲滅項羽於東撤途中。

　　漢王五年十月，劉邦追擊項羽至固陵。但是韓信和彭越都按兵未動，沒有如期前來會師；而英布等人被楚國將領牽制住，也未能北上會師，迫使劉邦孤軍與

項羽對戰。

這一戰，劉邦仍然大敗，只
能苦守等待韓信和彭越出兵。

劉邦問計於張良，張良分析
道:「天下大定在即，韓信與彭越
卻未得新封地，自然不出兵。韓
信雖當了齊王，但並不是您主動
分封，他還不完全了解您的意
圖，故而猶豫不定，心存顧慮。
彭越是經過自己苦戰而奪取梁
地，您卻遲遲未封他為梁王，因
此他也不願出兵。如今，只有另
外分封土地給兩人，方能使他們
為自身利益而戰。」

張良善於謀略，他早看出韓
信等人的心意，不過他也明白，
如果之前就這樣建議劉邦，劉邦
必定不肯採納。只有等到劉邦兵
敗，無計可施之下，劉邦才會願
意忍痛割讓土地分封韓信以及彭
越。

逼不得已之下，劉邦只得允

諾分封。果然,韓信與彭越也立刻發兵出擊。於是戰局開始急轉直下。漢王五年十二月,漢軍雲集於垓下,將近八十萬大軍壓境,直逼項羽十萬孤軍。

雙方兵力雖然懸殊,但是項羽擅長以寡擊眾,正面突圍,並非毫無勝算。

韓信深知這一點,因此改變戰略,以絕對優勢的兵力,部署了「五軍陣」。韓信自率三十萬大軍為前陣;將軍孔熙率軍五千為左陣;將軍陳賀率軍五千為右陣;劉邦率其大軍為中陣;將軍周勃與柴武率軍五千為後陣;此外還有英布和彭越的軍隊,沒有立入五軍陣中,部署到了楚軍的側後,以牽制楚軍的行動,機動應戰。

韓信深知,項羽是無敵的霸王,正面迎擊,無人能勝過項羽,所以他以兵力上的優勢輪流

攻打，使項羽疲於奔命。

這是十面埋伏，要將項羽逼死。

兩軍交鋒，項羽如同往常一樣，以破釜沉舟的姿態狂猛殺出，韓信率先應戰。楚軍善於攻戰，漢軍抵擋不住，韓信稍稍引軍後撤。項羽揮軍追擊，漢軍的左右兩陣突然殺出，猛烈攻擊楚軍的左右側翼；韓信立即引兵殺回，反而將楚軍三面包圍。

雙方激戰多回，日即將落下時，天豔得猩紅，戰場上死傷慘烈，向來以精良勇猛著稱的楚軍終於大敗。

項羽率殘部退回營中，漢軍當即將楚營包圍。

夜幕低垂，項羽回到內帳，汗水和血水使他的衣服散發著腥酸的氣味。

他坐回胡床上，目光定凝，卻不知道看向什麼地方。

　　陪在他身邊的楚國美人虞姬，從不曾見項羽如此失神疲憊，驀地，她覺得冷涼不安。

　　「大王。」虞姬溫柔的低喚了項羽一聲，屈身彎跪在他的面前，「熱水已經準備好了，我為大王脫下鞋子。」她渴望能為他分憂解勞，做些什麼都好。

　　項羽回神，移動著雙足。
　　「再等等。」他發出乾澀的聲音。

　　在戰靴中的雙足，早已有腫脹的感覺，可是項羽強忍著。因為一脫下戰靴，將無法立刻再穿上，而眼前的形勢，又隨時需要他上馬作戰。

　　「韓信這小子，像惡鬼一樣，緊緊糾纏。」項羽低聲的說。

　　「他們困不住大王的。」虞姬仰望著項羽。

　　項羽對她一笑，摸撫著虞姬的臉頰。

　　他望著她，突然傷感。如果

無法突圍的話，那他的虞姬……他捨她不下……

他對敵以來，從來沒有遇到過這樣艱難的形勢。韓信一波一波如巨浪拍岸的攻勢，使他疲於奔命……

一戰一戰像是沒有止盡一樣，他被韓信的攻勢壓得喘不過氣來。

「明日又得再戰了。」他長長的吐了一口氣。

虞姬仍然仰望著她的項羽，沉靜的握著項羽的手。

她的霸王，從來都是得意於戰場上的，楚漢相爭的這些年，她偶而會看到項羽困乏的表情，但卻從不是這樣蕭瑟的神態。

戰場的凶惡，她今天是親眼見了。她以為她的霸王不是膽寒，而是倦累。但是這樣的倦累，是不祥之兆。

忽然，有歌聲傳來。

傳來的聲音雖非嘹亮，但是宏大，顯然那是許多人的合唱。

項羽皺著眉頭，虞姬側耳傾聽。「大王，是我們的楚歌。」

楚歌聲先是從西面傳來，不久又從南面傳來，再由東面傳來，最後北面也有歌聲了。四面的楚歌聲匯合為一，宏大悲傷。

「該死。是我們的楚歌，但那卻是漢軍唱的。」

項羽步向帳外，四面的楚歌聲擾亂了重圍之中的楚軍。

連年在外征戰的將士，怔忡失神，頹喪的淌下思鄉的淚水。

「可惡。」項羽咒罵。韓信在擾亂他以及他的將士。

項羽挺挺身，大聲命令：「全軍擂鼓！」他要以鼓聲來壓倒四面的楚歌聲。他明白歌聲會使得楚軍惶惑、失措、喪失鬥志。

急驟的鼓聲把楚歌聲壓下去，然而鼓聲歇時，楚歌又起。

　　暗沉沉的夜，項羽就這樣煩亂的度過了。

　　連著幾天，楚軍突圍無功，漢營夜夜唱著楚歌＊。

　　楚軍苦戰，糧盡援絕，霸王力竭，日暮途窮。

　　這一夜，就在項羽短暫閉目休息的時候，楚歌再起。楚軍潰敗，他的子弟兵已有人叛逃。

　　在悲沉的楚歌聲中，項羽不

阿維老師說成語

＊四面楚歌

故事：楚漢相爭四年秋，約定以鴻溝為界，中分天下，各不侵犯。約定之後，劉邦採納張良、陳平的計謀，會同韓信、彭越、英布，趁項羽撤兵時追擊項羽。漢軍勢眾，在垓下將項羽圍住。這時候項羽的部隊，人數已經不多，糧食也快吃完。夜間，漢軍唱起楚地的歌謠，動搖楚軍軍心。項羽整夜未眠，在營帳中大杯喝酒，慷慨悲歌，同愛妾虞姬訣別。之後，項羽雖然力圖突圍而出，但最終仍然負傷自殺而死，結束一生霸業。

解釋：指四面受敵，孤立無援的困境。

阿維老師這麼說：從歷史故事，告訴我們「沒事多唱歌，多唱歌沒事」。所以我們應該建議國防部，成立「楚歌 k 歌中心」，訓練國軍能唱多國歌謠。嘿，以上當然純屬惡搞啦！其實戰爭是很可怕的，最好都不要打仗。

得休息，第一次，他傷心難抑。

「虞，他們會逃，是因為料定我會敗。」

「大王不會敗的。」虞姬鼓舞著他。

「虞……」項羽頓了一頓。「取酒來。我們對飲幾杯。」項羽努力控制著情緒，但是他的聲調悽楚。「虞，相隨以來，日日都在戰爭中。我以為亡秦之後，總可以過太平日子，怎料諸侯負我，戰爭不停……」

此時虞姬已經捧了酒獻奉項羽，「秦二世元年，大王起兵會稽，十一月中，我邂逅大王。大王經略天下，我長侍左右……」

楚歌聲中，他們回憶著烽火往事，虞姬絕美的臉龐，笑容淒迷。

「虞，再進一杯酒，今後，怕不再有這樣的時機了。今夜我將突圍而出，如果我戰死……」

「大王。」虞姬身子驟冷，阻止了他的話，眼淚卻忍不住奪眶。

忽然，帳外有馬聲。

「是我的馬牽出來了。」項羽深看著虞姬，把她摟在懷中。「時候……差不多了。」

虞姬提起精神，「大王振作，敵人怕你。」

項羽浩嘆一聲，「虞，大王力盡。」

沉沉的夜，楚歌悲切，戰事慘烈，路，已走不下去。

項羽突然唱起楚歌:「力拔山兮，氣蓋世。時不利兮騅不逝，騅不逝兮……騅不逝兮可奈何？虞兮，虞兮……奈若何……奈若何……」

虞姬自項羽懷中脫出，拭去眼淚，緩緩的斟出兩杯酒，邀項羽對飲。「時候差不多了，我為大王一舞。」

於是，虞姬抽出劍，作楚國傳統的武舞。

項羽悲唱，虞姬昂揚一舞，姿態絕美。「大王，我也作歌。」

虞姬低沉的唱出：「漢軍已略地，四面楚歌聲，大王意氣盡，賤妾何聊生。」項羽意氣頹喪，感懷末路，她也只能陪他最後一程。

項羽震動著，虞姬將劍橫向自己頸間。

項羽是威猛的霸王，她虞姬也是豔烈的女子。「大王，劉邦的妻子曾為大王所俘，妾必不落入劉邦手中。」

「虞……」項羽蠕動著唇瓣。

「大王珍重，捲土再來。」虞姬傾城一笑，要霸王留記。

死，不是相陪，不是殉葬，她要鼓舞她的霸王。「大王，江東子弟尚眾，大王還有再起之

時。當年大王不也只率了八千子弟渡江，就縱橫天下了嗎？」

劍一橫，血跡斑斑，虞姬搖晃著身子，倒下。

霸王啞聲，嗚咽起來。

帳外，戰馬長嘶，沉鬱的歌聲有如悲泣。

虞姬自盡，項羽率八百將士突圍而逃。逃至東城時，手下只剩二十八騎，漢軍數千人追來。

項羽身陷絕境，對部下說：「我起兵至今八載，身經七十餘戰，未嘗敗績。如今被困於此，是諸侯負我，是天要亡我，非戰之罪。今天固然一死，我給大家再痛痛快快的打一仗，必須三戰三勝，使你們知道，是天要亡我，不是我不會打仗。」

於是，他將二十八騎分成四隊，以四個方向殺出，然後聚為三處。如此反覆三次，皆獲勝利，僅損失兩人。

最後，項羽又率二十六騎突圍而出，來到長江的渡口烏江。烏江亭長以船來接，勸項羽回江東重整旗鼓。項羽有感當初率八千子弟渡江，今天無一人生還，也無顏面見江東父老，決心戰死，於是謝絕烏江亭長。

漢軍追來後，項羽率二十六騎相戰，精疲力竭，身負重傷，自殺而亡。

此後，漢軍陸續平定楚國各地。漢王五年十二月，漢軍結束最後的戰事。劉邦採取襲擊的手段，出人意外的闖入韓信營中，收繳了他的兵權，奪走了他的軍隊。

不久，漢王將韓信改封為楚王，奪走了富庶的齊國。劉邦自己占有齊地，與手下淮南王英布、梁王彭越從三面包圍韓信，以利孤立和控制韓信。

※　　　　　　　※　　　　　　　※

　　韓信成為楚王，那年他二十八歲。

　　楚地是他的故鄉，但是韓信令項羽兵敗身亡，楚人對項羽仍有顧念，這不會是好管轄的地方。因此回楚地後，韓信一方面安撫楚人，一面尋訪年少故舊。

　　他找到了當年經常給他飯吃的漂母，厚賞千金，並且深深感謝*。

　　又找到了那位下鄉南昌亭長，只給了一百錢，算是還了飯

 阿維老師說成語

＊一飯千金

故事：韓信年輕沒有飯吃的時候，曾經到河邊去釣魚。遇到一個為人洗衣的老婦人。老婦人見他可憐送他飯吃，後來韓信發達了，就用重金來報答老婦人。

解釋：形容受了別人的一點小恩，而給了重大的回報。

阿維老師這麼說：這個故事告訴我們洗衣不要用洗衣機，不然就遇不到韓信了。哈，不是啦，其實這個故事告訴我們，有機會的話我們要幫助別人。遇到一個韓信的機會，應該比獨得樂透彩來得高，要是幫到的人，不是像韓信這麼有作為的人，也沒關係，賭輸的就當作是做公益囉！

錢。

最後，韓信找到了當年曾經使他受胯下之辱的青年。

那人見了今日威風凜凜的韓信，全身顫抖匍伏在地上，連頭都不敢抬。

沒想到韓信非但沒殺他，還封了個中衛給他。

韓信和諸將說道：「這是一位壯士，當初他侮辱我的時候，難道我不能一狠心殺了他嗎？但殺了他也就毀掉自己一世聲名，因此我忍耐過去，才有今天的成功。」

韓信是這樣解釋的。

但是沒人知道，韓信看到那人顫抖低伏時，心中的快意。

當初，那人要他彎伏身子，從胯下爬過。那時他是落寞慘澹的少年，如今他成為楚王，揚名天下，威風凜凜，不可一世。

那人連看都不敢看他一眼，

因為他的召喚，害怕得不知所措，因為他的封賞，歡喜感激的落淚。

這就是他要的。

他不是要砍那人的頭，他是要那人一輩子在他面前低頭。

處理完這件事情，算是不負年少志氣，韓信繼續經營著他現在的事業。

在當時，封國的諸侯，除了必須忠於天子，納貢稱臣之外，有權處理本國的一切事務。韓信除整頓治安之外，還建立了一支保衛自己的軍隊，在巡行楚國各地的時候，韓信為了防止意外，出入都帶著戒備森嚴的警衛部隊。

此外，韓信還收留了一名項羽的逃亡將領鍾離昧。

早年韓信在項羽手下時，他與鍾離昧便相知相惜。後來韓信投漢，雙方在戰場上雖然干戈相

見，但是這是各為其主，情誼猶在。項羽自殺，鍾離眛逃亡，無棲身之所，找到了韓信，韓信顧念舊情，於是收容他。

劉邦多次與鍾離眛交鋒，對他恨之入骨，聽說他逃到韓信那裡，下令叫韓信逮捕鍾離眛，但是韓信都未遵從，僅是敷衍帶過。

韓信當了十個月的楚王之後，就有一個人給劉邦上書，說韓信謀反，證據便是韓信出入都帶著軍隊，以及私自收容鍾離眛。

劉邦召集了蕭何、陳平、張良等人來會商對策。張良因為有病，所以沒有參加。劉邦的妻子呂后自動參加，在略問過形勢之後，就提議用兵。

劉邦忍著胸中的惡氣說道：「難道妳以為我不想發兵嗎？只是要派誰去攻打韓信？」

蕭何說道：「在戰場上，少有人打得過韓信……」

劉邦終於按耐不住，破口罵道：「他奶奶的，你就知道韓信行。」雖然他知道蕭何說的是實話，但是聽蕭何這麼一說，劉邦就有氣。因為韓信就是蕭何所推薦的。

「不要怪蕭何，這是實話。」皇后出面幫蕭何說話：「要不看看能不能唆使彭越、英布兩個人發兵去攻韓信。最好能讓他們三敗俱傷。」

「這不可能的。」劉邦懊惱的說：「這兩個人不敢打韓信的。韓信這小子帶兵的本事極大，他已經收留鍾離昧，要是放著他勢力擴大，我的江山就會出岔子。」

說到這兒，他心情極鬱悶，再度遷怒到蕭何，「你沒差啊！韓信做了皇帝，一樣會派你當相國。」

蕭何苦著臉，「陛下，當初我推薦韓信的時候，是要他為陛下打天下啊！怎麼知道如今會變成這樣。我對陛下忠心，從來沒變過。」

劉邦面部抽動，他也知道蕭何不敢叛他，但是他心中就是有氣。他碎碎的念：「張良人呢？他能提個好意見。」

陳平說道：「張良身體不好，在家中休息。聽說最近他在勤練神仙術，每天早上就在園中練氣，像一隻仙鶴那樣的走路。」

劉邦有了笑意，「那是張良怕短命。」

對於張良，劉邦是很有好感的。

早年，張良在博浪沙狙擊秦始皇後，便享有盛名。在征戰的那幾年，他屢屢建立奇功，不過他卻不貪求封賞。辭了萬戶上賞，自請一個小邑，封為「留

侯」。他的封地雖然貧瘠而狹小，張良卻因為這樣而歡喜滿足。

劉邦但願人人都像張良一樣，這樣他就不必苦惱了。

「唉。」劉邦又感慨的嘆了一聲。「今天再討論下去，也是沒有結果。你們分別回去想辦法，明天我們再來討論。」

7 鳥盡弓藏嘆悲涼

　　漢天子巡狩會諸侯。

　　這是古代的傳統習慣，天子外出巡狩行獵，天下的諸侯，接奉詔令後都必須和天子相會。楚漢相爭結束，劉邦即皇帝位，遵循古禮，到雲夢遊獵，遍告諸侯，要諸侯到陳來和漢天子會面。

　　楚王韓信接到詔令後，為這個詔令苦惱。

　　他深知劉邦為人，要是沒有特別的事故，劉邦絕對不會輕舉妄動。陳城，過去是楚的郡縣。楚人厭惡劉邦，劉邦來此，恐怕是為了他而來。

　　韓信估量，這麼近的距離，沒有不赴會的藉口，所以不赴會，就表示和皇帝決裂了。但是如果輕易離開自己的封國前往赴

會，那麼要是有個不測，就無法全身而退了。

韓信找了謀臣密議。

有人主張韓信不能赴會，否則將會受制於劉邦。

但有人主張如不赴會，皇帝突然發兵會措手不及，而且如果先行布置兵員防備，反而會被咬定叛亂，因此韓信必須赴會。

赴會雖然有危險，但是韓信功勞如此的大，劉邦應該不會在天下諸侯面前不利於韓信。漢皇帝介意的，應該是韓信收留鍾離昧一事，只要韓信殺了鍾離昧，獻上他的首級，表示一片忠心，劉邦必然大悅，就可以免除一場災難。

韓信在密會中，以不願出賣老朋友為由，拒絕了這一個提議。

之後韓信反覆思量，總覺得無計可施，又覺得這似乎是唯一

的方法。

他陷入矛盾與痛苦之中，為此，他去拜會鍾離眛。

見了他，鍾離眛直言：「聽說劉邦要到雲夢行獵，會見諸侯，大王有什麼打算？」

韓信看了看鍾離眛，終究覺得無法對鍾離眛下手。

可是劉邦要來，又使他擔憂，使他技窮。

韓信突然懷念起，他和鍾離眛在一起的那段日子。年少時，他什麼也不畏懼，現在竟然困窘到，動念要出賣朋友來保全自己。

富貴安樂使人怯懦。

鍾離眛見韓信始終不說話，心中也已經了然韓信的掙扎。

鍾離眛勾唇一笑，「應該有人和大王說過，鍾離眛是保全大王的關鍵吧！」

韓信一陣尷尬，臉暗紅，想

說些什麼，就是遲遲說不出口。

最後，他只小聲的說：「先生，不用擔心這一點。」

鍾離昧突然大笑。

韓信像是被看穿似的漲紅著臉。他雖然從來沒有開口要取鍾離昧的首級，但是動了這樣的念頭，都足以使人羞愧。

「韓信啊，韓信。」鍾離昧直看著他，「你以為劉邦為什麼不發兵進攻你。那是因為我在這裡，他怕我協助你鼓動楚國的民眾造反，如果今天我死了，明天你也必然被害。」

韓信狼狽的抿著嘴，愧慚的想逃。

「你放心。」鍾離昧豪邁的一笑，「我鍾離昧不是個貪生怕死的人。我可以成全你。」

說罷，鍾離昧抽出配劍，當場自盡。

韓信霍地轉頭，看都不敢看

鍾離眛一眼。

鍾離眛已經死了，他心裡沒有半點舒坦或鬆了一口氣的感覺。他胸口窒悶，身子僵硬，雙手微顫，為害死老友覺得不安。

※　　　　　　※　　　　　　※

大漢開國皇帝劉邦的雲夢巡狩，是皇朝開創以來第一回的大典。為了迎接皇帝和各路諸侯，場面鋪張盛大，四方大路，每隔五里，就建有驛站，每驛都有車有馬，準備供行旅之需，同時每驛也有駐兵保護天子行路安全。

當身為諸侯之長的韓信，前往會見皇帝的時候，驛馬傳報，說是大漢皇帝親自來迎接楚王，這是皇帝表示友好親近的意思。

為此，韓信稍感寬心。

漢天子的旌旗，在大路上出現，韓信下馬，吩咐隨從自車中取出鍾離眛的首級，以及貢物簡冊，肅立於道旁等待。

　　大漢天子的儀仗隊夾道排列著。以前劉邦剛作皇帝的時候，還沒有這樣莊嚴氣派的儀仗隊。這樣的排場和諸侯的排場自是大不相同，韓信恍惚的想，難怪天下豪傑都想成為共主。

　　蒯徹曾經勸他自立，當時他與天下共主的地位，僅僅只差一步。

　　道路中，皇帝出現了，皇帝的身邊有十多名將軍。

　　韓信上前，跪拜，說道：「臣韓信拜見天子。因為楚國境內還未平定，赴會來遲，未曾先迎皇帝。」

　　他稍稍停頓，以手勢命令兩名隨從獻上禮冊和一具裝有鍾離眜頭顱的大匣，謹慎恭敬的說：「至於鍾離眜，亡匿於楚國境內。臣雖得知鍾離眜的下落，但是因鍾離眜聯結亡命之徒，臣恐打草驚蛇，現在時機已經成熟，

臣已將鍾離昧斬首，敬獻首級。」

他真心希望獻上鍾離昧首級之後，可以使他和劉邦的隔閡消除。他對劉邦仍是忠心的，只要能在一方稱霸富貴，對他而言，此生也就滿足了。

劉邦震動了一下。沒想到連鍾離昧的首級也有了。

他險惡的大笑，「鍾離昧終於死了。哈！哈！」

那樣的笑聲，令韓信覺得不舒服。不過他以為劉邦除了心頭大患，應該是出了一口惡氣了。

笑聲一歇，劉邦面容嚴肅的說：「韓信，你的事情還沒了。有人告你謀反。」

韓信心底一寒，「皇帝陛下，臣絕無貳心……」

韓信正要解釋的時候，劉邦一揚手，他身邊的侍衛按住了跪著的韓信，韓信的隨從也被逮捕。

　　韓信沒料到，劉邦會這樣對他，他驚訝的叫出：「陛下！」

　　劉邦終於露出輕鬆的笑容。「我以故舊的交情來歡迎你赴會，不過因為告你謀反的人很多，所以只好請你到廷尉那裡去對質了。國法不能循私，我這也是無可奈何啊！」

　　他說得虛偽，韓信這才真切的了解，如同鍾離眛所言，鍾離眛一死，接著就是他韓信了。

　　劉邦絲毫不顧念他為他打下天下，反而將他視為眼中釘。

　　劉邦笑得這樣快意，是因為他已經拔除了眼中釘。

　　韓信悲憤，沉痛的出口：「天下大定，如同狡兔已死，臣自當烹煮※。」

　　「唔。」劉邦笑嘻嘻的說：「韓信你不要誤會我，我只是必須給群臣一個交代。我也希望這是誤會，等事情查明後，我們君臣能

恢復以往的情誼啊！」

　　劉邦這麼說的時候，他的侍衛已經粗暴的綁好韓信。

　　韓信的心沉到谷底，他懊惱、自責、難堪、愧悔。

　　他被迫跪在劉邦的面前，他自覺這比當初鑽過市井流氓的胯

阿維老師說成語

＊兔死狗烹

故事：春秋時，范蠡和文種是越國國王句踐的兩個心腹大臣。兩人深謀策劃二十多年，終於幫助句踐打敗了世代為敵的吳國，報了國仇。但是成功之後，范蠡辭去官職，悄悄的溜到齊國，改姓換名，做商人去了。當時，他曾寫過一封信給文種，信中說：「飛鳥盡、良弓藏；狡兔死，走狗烹。」意思是說打盡了飛鳥，打鳥的弓，就要被棄置；抓完了狡兔，抓兔的狗就要被煮來吃。范蠡看出越王句踐只能共患難，不能共享樂，所以功成引退，遠走他鄉。不過文種並沒有聽從范蠡的勸告，後來果然被越王句踐藉故殺害。

解釋：兔子抓完了，便把抓兔子的狗也煮來吃掉，形容功臣被殺戮的悲劇。也比喻忘恩負義。

阿維老師這麼說：這句話，我們在前面也讀過。當時劉邦假裝到雲夢巡狩，下令逮捕韓信的時候，韓信就對劉邦說：「難道你就像古代人家說的那樣，『狡兔死、良狗烹；高鳥盡、良弓藏』。」這種事情，歷史上常發生。也就是說，遇到了，要看開。你不會是最後一個被這樣對待的。這故事給我們另外一個啟示，當狡兔，雖然死了，也不用太難過，那隻抓你的狗，早晚也要陪葬的。這是狡兔死前可怕的詛咒。（阿維老師胡言亂語中，呵，大家應該習慣了吧！）

下還要羞辱。

當初，他昂然七尺，一無所有，市井流氓輕蔑他，那是自然。他忍辱吞聲，因為知道總有一天，自己要成就功名的。

如今，他功成名就，卻成了劉邦的階下囚。

漢的天下是他打下來的，劉邦卻像是在做戲一樣的在嬉笑怒罵間反臉無情。

劉邦的表情讓他作噁，韓信轉過頭，對上的卻是落在地上的大匣。大匣內裝的是鍾離眛的首級。

韓信閉上眼睛。他有愧於鍾離眛，不敢看他。若鍾離眛有靈，這時候，應該會嘲笑他韓信自作自受吧！

　　※　　　　　　　※　　　　　　　　※

劉邦並沒有殺掉韓信。除了韓信之外，當時還有淮南王、梁王、趙王、燕王、長沙王、韓王

等六個異姓諸侯王，指稱韓信叛亂並無真憑實據，為韓信說話。

韓信是諸侯之長，功勞最大，威望最高，劉邦怕現在就殺了他，會引發諸侯連鎖反應，因此一到洛陽，劉邦就將韓信釋放，不過將他貶為淮陰侯＊。

王和侯，在當時地位大不相同。

王有封國，跨郡連縣，地域廣大，有獨立的經濟、行政、軍事大權。侯只有幾百戶到幾千

＊**偽遊雲夢**

故事： 韓信為劉邦取得天下後，劉邦對韓信並不信任。所以雖然他將韓信兵權解除，並改封為「楚王」，仍對韓信不放心。所以他便採取謀士陳平的計謀，假稱遊覽雲夢，並通知諸侯在陳地相會，藉此襲擊韓信。韓信為取信劉邦，犧牲了當時投靠他的朋友鍾離眛。韓信帶著鍾離眛的頭去見劉邦，但是韓信一見到劉邦的時候，仍被立即逮捕，押解進京。一抓到韓信之後，劉邦也不遊雲夢，就回到洛陽了。一到洛陽，宣布大赦，韓信被赦免罪，但降為「淮陰侯」。

解釋： 比喻設計抓人，就叫做「偽遊雲夢」。

阿維老師這麼說： 這是另外一則心機重的故事。凡心機重的事情，都讓我無話可說啊！（沉默中。）

戶、最多萬戶，封邑不超過一縣，而且不得干預縣的行政，僅僅只是坐食租稅而已。

一般封侯之後，可以在中央任高官，也可以回到自己的封邑享清福。但是韓信被貶為侯之後，既不得為官，也不能回到封邑之中，只能住在京城長安中，隨時受劉邦監視。

英雄事業已盡，韓信不能再馳騁沙場，只能幾乎像是被軟禁一樣的困居在宅第之中。

韓信是長安的孤獨者。

劉邦雖然曾說過，一旦查出韓信並無叛變的意圖，他們君臣將恢復以往的情誼，但是他們君臣之間，顯而易見，有著距離。甚至在韓信的周圍，還有必要的防範。

於是，人們就算想接近韓信也會有所忌憚。別的侯府賓客如雲，而淮陰侯府冷清慘澹。

　　韓信也知道這局面，他深居簡出，常常稱病不上朝。

　　有時候，他實在悶不過了，會驅車觀覽長安市井，他不走繁華熱鬧的大街，反而到前朝阿房宮的廢墟去緬懷昔日。

　　現在的他，滄桑、落寞而鬱鬱寡歡。

　　一日，他經過將軍樊噲的住宅時，突然動念，想和人說說話。樊噲以前是他手下，現在則與他同樣被封為侯。

　　相見時，樊噲對韓信行跪拜禮，談話之間稱自己為臣，稱韓信為大王。

　　這樣的態度，讓韓信心情更加低落。

　　樊噲的恭敬，使韓信想起以往為大將、大王時的得意暢快。可是這樣的恭敬，還帶著生疏。人們怕和他韓信接近，所以樊噲以隆重的大禮拉開距離。

離開樊府，韓信冷然憤懣的一笑。

今日的他，竟然和樊噲這樣的人為伍啊！

韓信心情更為孤悶，與世人更無來往，他就這樣沉寂的度過他的年歲。

這幾年，因為劉邦與匈奴打仗，屢屢失敗，又想起韓信來。

他不敢讓韓信帶兵，但又想借重韓信的長才，便讓韓信整理兵書。

整理兵書，讓韓信有了慰藉。劉邦也為此，再來找韓信，君臣之間，本來已經生疏，但是在韓信談到帶將領兵之道時，這傲慢的君王，不自覺的流露出崇敬的神態。戰場上的韓信是無敵的。

韓信不只嫻熟兵法，也深諳諸將的才能。論及諸將才能高低與領兵方法時，兩個人竟然談得

暢快。

最後，劉邦問韓信:「你看我能指揮多少軍隊?」

韓信直率的說:「十萬。」

十萬，算不得是大將之才。劉邦有些不快的問道:「那你能指揮多少?」

「臣是多多益善＊。」對於領兵，韓信有他的自信，但是一看到劉邦拉下的臉，韓信就驚覺他失言了。

劉邦發出幾聲乾澀的笑聲。

阿維老師說成語

＊多多益善

故事:韓信被貶為淮陰侯以後，劉邦曾讓韓信負責整理兵書。有一次，劉邦問韓信:「依你看，像我這樣的人能帶多少兵馬?」韓信回答:「陛下能帶十萬兵馬。」劉邦再問道:「那麼你呢?」韓信不客氣的說:「臣多多益善。」也就是說，越多越好。於是劉邦不高興的問:「你既然如此善於用兵，怎麼會被我逮捕呢?」韓信知道惹惱劉邦，於是說道:「您雖然帶兵的能力不如我，可是您擅長指揮將領，所以我被您逮捕了。」

解釋:形容越多越好。

阿維老師這麼說:韓信雖然最後有做解釋，不過仍然因為這件事情，再度得罪了劉邦。所以哩，有時候，話可不是「多多益善」喔。

「如果是這樣的話，那你怎麼反而會被我擒住了呢？」

兩句話，君臣之間的氣氛又變得尖銳。

經過了這些年的困頓，韓信到底也悲哀的知道怎麼取悅這位漢天子。

韓信裝出感慨又有些欣悅的說：「陛下雖不擅長領兵，但是擅長統將，這就是我被您捉住的原因。況且，您所有的成功，靠的都是天意，這和您的能力是沒有什麼關係的。」

劉邦陰沉沉的笑了，然後離開淮陰侯府。此後，淮陰侯府更加寂寥。

一日，淮陰侯府來了訪客——陳豨。

陳豨以前曾經是韓信的部屬，因為要去擔任趙國的丞相，所以來和韓信道別，請教如何治理趙國和代國。

　　韓信主張從寬處置，「那裡的民風強悍，壓得太重，會生變。」

　　「但是寬了，人們無所畏懼，什麼事都敢做了。」陳豨皺著眉頭，「最使我不安的是那邊的兵，對故主有情義，我不曉得如何使他們服我。還有，他們之中有許多人曾經犯過律法。」

　　「你去，宣布往事一概不究，再立約法，令人遵守。要賞罰分明，只要有罪，罰責就會被人接受。不過那邊的兵服你，也不是好事。」韓信的語氣突然顯得感傷。

　　陳豨茫然的問：「這個……」

　　韓信低低的說：「你得到民心的時候，皇上就會不放心你。」

　　對於韓信的處境際遇，陳豨難過的說不出話，「大王……」

　　韓信制止了他這個稱呼，「不可再稱呼我大王了。」

他自嘲的露出一抹苦笑，「我只希望我還保得住這個爵位。」

他曾叱吒風雲，如今竟然只求保住這個爵位……哈……大漢皇帝性格陰晴不定，他韓信還會怎麼樣呢？誰也不知道啊！

只是人們以為他越來越無光彩。不只沒人來拜訪他，連在底下的家僕都有人開始逃亡。

他想起了垓下一戰，那時霸王底下的士兵潰逃，逃入他的帳下……

沒多久，四面楚歌，霸王身亡。

尾　聲

「統領趙國、代國邊境兵官的趙國丞相陳豨叛亂了。」

陳豨性喜交遊，手握重兵，數年在外，招養了大量的賓客和幕僚。有一次到邯鄲去，接待賓客的車子多達千餘輛，因而受人懷疑，報告了劉邦。

劉邦逮捕其中一些賓客，經過審查發現很多不法的行為，而且都與陳豨有關。陳豨恐懼，決心叛變。

劉邦親自領兵平亂。

長安城中傳說皇帝親征，大破陳豨的叛軍。

朝廷官報上寫著：群臣將入宮向皇后道賀。

稱病在家的淮陰侯也接到了通知，他上書丞相，推說有病不方便前往祝賀。向來，宮中的事

情他都是稱病不去的。

不過這一回卻不同了，丞相蕭何親自到淮陰侯的宅第，邀請韓信入宮。

蕭何說：「皇后對閣下有些芥蒂，你若不去，皇后會以為你看不起她。如果皇上在此，我就不多事了。現在，皇上在外，我以為閣下不宜開罪皇后。」

韓信苦笑，「丞相，對我而言，多一事不如少一事，我入宮，皇后不見得會歡迎。」

「韓兄。」蕭何拱手，「我想你還是走一趟的好。」

韓信看了看蕭何。

蕭何曾是韓信的知己，但是自從韓信被貶為淮陰侯之後，蕭何就漸漸與韓信疏遠了。

韓信體諒蕭何為了自保而疏遠他，但是他心底多少有些慨嘆落寞。如今蕭何特地來一趟，他以為，蕭何始終是關心著自己。

「好吧。」韓信被蕭何說動，他苦笑，「丞相要我去，我就去一趟。」

於是，淮陰侯韓信，隨著丞相蕭何入長樂宮。

他們在長樂宮的南司馬下車，併步向內走，一路上，兩個人都守著緘默。在並行的時候，韓信發現蕭何有一些龍鍾老態，眉宇間看起來也有些憂鬱。韓信猜想，蕭何的生活並不安樂。

在長樂宮前殿，皇后的親信辟陽侯審食其迎上，向韓信說：「皇后將接見淮陰侯。」

長樂宮前，並無慶祝勝利的氣氛，韓信覺得奇怪，躬身應是，回望了蕭何一眼。

蕭何心虛的避開韓信的目光，拱手說道:「淮陰侯兄請，我在前殿候命。」

韓信不明白蕭何為何目光閃爍，他困惑的隨著審食其進入，

他們轉入夾道，突然間，有叱喝之聲從他們身後發出，韓信一怔，站住了腳。等他發現異狀的時候，已經來不及避開，四面八方都有長戟正指著自己。

韓信震動著，他再向前看，前面出現了多名侍衛，各持兵刃。

審食其退到十步之外，皇后出現，凌厲的喝了一聲：「韓信，你勾結陳豨叛變，還不認罪！」

韓信心中一股悲憤湧上。

劉邦的妻子呂后要除他，而幫兇竟然是他視為知己的蕭何。蕭何為了自保竟然出賣了他，所以才會如此心虛＊。

韓信冷峻的看了呂后一眼。

他後悔當初沒有聽信蒯徹的計謀，今天才會淪落到呂后的圈套之中。

韓信轉頭，閉起了眼睛。

他的死期到了，他心中了

然。很多混亂的畫面浮出，但是
現在他想起來的是霸王。

　　他曾投入霸王帳下，也曾讓

阿維老師說成語

＊成也蕭何，敗也蕭何

故事：韓信當年不得志的時候，因為蕭何的舉薦，而被劉邦封為大將。韓信被貶之後，劉邦的妻子呂后和蕭何商量出一個計策，把韓信騙進宮中，當場殺害。

解釋：因為韓信的成就和敗亡都和蕭何有關，所以這句話，比喻成全某事，敗壞某事，都出自同一個人之手。

阿維老師這麼說：好吧，說真的，這是本書裡，蠻讓人感傷的地方。因為韓信會防劉邦，卻沒有防過蕭何。怎麼知道，蕭何拉了他一把，也推了他一把。嗯，我想，韓信和蕭何上輩子應該是男女朋友，所以才會命運這麼詭異的糾葛在一起吧。總之，交朋友要小心呀。

附註：司馬遷的《史記》中，雖然記載韓信和陳豨密謀叛變。不過後代的史家，大多認為，這是漢代的官方說法，司馬遷不見得認同，所以才會花了很多篇幅去寫韓信有很多的機會反叛，但是都沒有。以當時韓信的實力來看，其實他被貶為淮陰侯以後，並沒有什麼起兵叛變的能力了，所以「叛變」一事，應該是呂后誣陷的。

　　雖然沒有韓信謀反的真憑實據，呂后仍於長樂宮的鐘室之中斬殺韓信，並夷滅了韓信三族（即父族、母族和妻族）。

　　劉邦打敗陳豨回京後，才知道呂后已經處死韓信。他既高興又憐憫，高興的是終於除了後患，為此感到放心。憐憫的是韓信確有奇才，殺了頗為可惜。

　　呂后殺了韓信之後，同年三月又殺了彭越，七月逼反了英布，迫使劉邦帶兵去征討英布。

　　劉邦雖然打敗了英布，但是自己也負了箭傷，久治不癒，於次年四月過世。

霸王兵敗力竭，那是他聲威最盛的時候，也是他命運急轉的關鍵。

狡兔死，走狗烹。

他突然羨慕霸王臨死前，以二十八騎敵數千漢軍，戰至最後自刎而死。

大將的歸處就該如此，不是如他這樣不堪而冤辱的死啊！

這年，他三十四歲。狡兔死，良狗烹……

前 208 年	陳涉等揭竿起義，反秦二世。各地風起雲湧。
	韓信加入項梁軍，項梁死後成為項羽部下。曾多次向
	項羽獻策，都沒有被採納。
前 206 年	韓信逃離楚軍，投奔漢營。經蕭何推薦，拜為大將，
	為劉邦分析天下局勢。
	劉邦進咸陽，與父老約法三章，為漢王。
前 205 年	項羽揮師彭城，劉邦敗逃滎陽。韓信救漢，為劉邦建
	立完整防線，使項羽無法西進。
	在井陘背水一戰，擊敗趙軍。
前 204 年	劉邦派酈食其遊說齊國結盟，韓信為保自立之地，出
	兵攻齊，陸續平定齊地。

前 203 年　　　韓信被封為齊王。劉邦與項羽議和，以鴻溝為界，兩

　　　　　　　分天下。不久，劉邦毀約，大敗。

　　　　　　　韓信及彭越封地為王後，韓信出兵會合，以十面埋伏

　　　　　　　之計大破楚軍。

　　　　　　　項羽退到垓下，突圍到烏江，不肯東渡，刎頸自殺。

　　　　　　　劉邦收韓信兵權，改韓信為楚王。

前 201 年　　　韓信被誣告造反，被擒。後被赦免，改為淮陰侯。

前 196 年　　　被呂雉誘入長樂宮殺害，死後連誅三族。

在經典故事中成長

有圖、有料、有意思

一生不可不讀的三十本經典

唐三藏西天取經、魯智深大鬧桃花村、
諸葛亮草船借箭、牛郎織女鵲橋相見……
過去,我們讀這些故事長大
現在,我們讓這些故事陪孩子一起長大
豐富的文化應該被傳承,傳統的經典需要有新意
小說新賞,讓經典再現——

**全系列
共三十冊
敬請期待**

🍶 導讀簡明,掌握故事緣起
🍶 內容生動,融合古典新意
🍶 插圖精美,呈現具體情境
🍶 經典新編,富含文學性質

國家圖書館出版品預行編目資料

忍小辱成大英雄：韓信 / 詹文維著;胡正林,程剛繪.－
－初版三刷.－－臺北市：三民，2013
面；　公分.－－(兒童文學叢書／世紀人物100)

ISBN 978－957－14－4660－8　（平裝）

1.(漢)韓信－傳記－通俗作品

782.821　　　　　　　　　　　　　96004838

© 　忍小辱成大英雄：韓信

著作人	詹文維
主　　編	簡　宛
繪　者	胡正林　程　剛

發行人	劉振強
著作財產權人	三民書局股份有限公司
發行所	三民書局股份有限公司
	地址　臺北市復興北路386號
	電話　(02)25006600
	郵撥帳號　0009998-5
門市部	(復北店)臺北市復興北路386號
	(重南店)臺北市重慶南路一段61號
出版日期	初版一刷　2007年4月
	初版三刷　2013年6月修正
編　號	S 781380

行政院新聞局登記證局版臺業字第○二○○號

有著作權‧不准侵害

ISBN　978-957-14-4660-8　（平裝）

http://www.sanmin.com.tw　三民網路書店
※本書如有缺頁、破損或裝訂錯誤，請寄回本公司更換。